中等职业学校校本教材系列
根据教育部最新教学大纲编写

中职学生心理健康教育

ZHONGZHI XUESHENG XINLI JIANKANG JIAOYU

主　编　谭家德
副主编　谭　敏　陈冬梅　黄建军

电子科技大学出版社

图书在版编目（CIP）数据

中职学生心理健康教育 / 谭家德主编. —成都：电子科技大学出版社，2010.1（2017.7 重印）

ISBN 978-7-5647-0435-3

Ⅰ. 中… Ⅱ. 谭… Ⅲ.心理卫生-健康教育-专业学校-教材 Ⅳ.G479

中国版本图书馆 CIP 数据核字（2010）第 009264 号

中职学生心理健康教育

主　编　谭家德

副主编　谭　敏　陈冬梅　黄建军

出　　版：电子科技大学出版社（成都市一环路东一段 159 号电子信息产业大厦　邮编：610051）
策划编辑：周清芳
责任编辑：周清芳
主　　页：www.uestcp.com.cn
电子邮箱：uestcp@uestcp.com.cn
发　　行：新华书店经销
印　　刷：郫县犀浦印刷厂
成品尺寸：140mm×203mm　　印张 5　　字数 130 千字
版　　次：2010 年 1 月第一版
印　　次：2017 年 7 月第 2 次印刷
书　　号：ISBN 978-7-5647-0435-3
定　　价：10.80 元

■　版权所有　侵权必究　■

◆　本社发行部电话：028-83202463；本社邮购电话：028-83208003。

◆　本书如有缺页、破损、装订错误，请寄回印刷厂调换。

本书编委会

主　编　谭家德

副主编　谭　敏　陈冬梅　黄建军

编　委　张　玲　张平奎　许褚琼

刘小燕　万伟华　张　菱

熊　应　牟　燕　晏　凌

苏　灵

QIANYAN 前言

随着人类社会的日益发展，生存与竞争压力不断增长、日常困扰及突发事件逐渐增多，个体的适应能力受到了极大的挑战，心理健康问题也由此突显为当代社会最为关注的健康话题之一。

心理健康状况与人们的生活品质息息相关，也是获得幸福、成功的人生的基本前提与保障。对于年轻一代的中职学生群体而言，身心发展正处于最具可塑性的时期，良好的心理素质也在此阶段逐渐形成和完善，因此，通过了解心理健康的基本常识来增强心理健康意识，通过学习维护心理健康的技巧和方法来提高自身的心理健康水平，同时运用所学知识力所能及地帮助周围人改善心理状况，具有重要的发展性意义，也能为他们今后更好地适应社会打下坚实的心理基础。

基于这样的考虑，我们首先从心理健康最基本的定义、判断标准以及中职学生所处年龄阶段的一般身心特点谈起，详细介绍了心理健康教育和心理咨询的相关知识。接下来的六章选择了与中职学生心理健康密切相关的发展领域，包括入学适应、人格与自我意识、学习心理、人际关系、性心理、情绪管理和挫折应对等，每章就一个特定的主题进行较为详细的探讨与剖析。不仅呈现中职学生在这些方面的现实状况及所遇到的困扰，更重要的是，为他们指明了健康发展的道路，提供了可操作性的方法。

本书在行文方面，力求以深入浅出、形象生动的风格，以贴近中职学生理解能力的表述，促进同学们将心理健康的知识整合进自己原有的知识结构中。此外，我们还引用了大量贴近中职学生生活实际的生动案例，尽可能地让中职学生读来朗朗上口，感到亲切、真诚、实用，而不是在抽象地说教和空洞地喊口号。最后，我们在本书末提供了延伸阅读书目和心理电影名录，有兴趣的同学可以在课下进一步深入探索心理健康广袤的领域。

心理健康是毕生的学问，希望我们能与读者一道，共同探索其中的奥秘，努力让自己的精神世界变得丰盈而美好。也祝愿所有的中职学生朋友都能拥有一颗健康、丰富的心灵，在人生的道路上越走越好！

本书的编写，由于时间仓促，编者水平和视野有限，疏漏和不妥之处在所难免，希望广大读者能够提出宝贵的修改意见，以便今后补充和修正。

编　者

2010 年 1 月

MULU 目录

第一章　中职学生心理健康概述

第一节　什么是心理健康

伴随着社会文明发展的进程，人类对自身健康的关注日益增强，对健康与疾病的观念也不断在更新。从最初的自然哲学模式到生物医学模式，再到现在的“生物—心理—社会”模式，心理健康在人类健康中所扮演的角色和所起到的作用受到了越来越多的关注。

从另一个方面来讲，随着社会、科技的日益发展，生存与竞争压力不断增长、日常困扰及突发事件逐渐增多，个体的适应能力受到了极大的挑战，心理健康问题也由此突显为当代社会最为关注的健康话题之一。

那么，到底什么是心理健康，判断一个人的心理健康有哪些具体标准，对于中职学生而言，所处的特定年龄阶段和特殊的社会角色，又使得他们的身心发展呈现出何种特点，他们的心理健康状况究竟如何，等等，所有这些问题，都将在本节中一一讨论。

一、心理健康的定义

早在 1947 年，世界卫生组织（WHO）就对个体的健康做了如下界定:“健康乃是一种躯体上、心理上和社会上的完满状态，而不仅仅是没有疾病或虚弱”。这一定义将心理健康提到了与躯体健康同样的高度，认为它在对人类健康的贡献上同样起着举足轻重的作用。从这个定义中我们也可以看出，健康不再是仅从消极的方面指个体没有患病，更强调了个体生命力积极的方面，即活力与完满。后来，英格里希（H.B.English）的定义也有异曲同工之效，“心理健康是指一种持续的心理情况，当事者在哪种情况下能作良好适应，具有生命的活力，并能充分发展其身心的潜能，这乃是一种积极的、丰富的情况，不仅是免于心理疾病而已。”

除了与疾病状态作对比外，还有一些关于心理健康概念的则强调了人们的个体性与社会性的和谐统一。如第三届国际卫生大会（1946 年）明确地提出，“心理健康是指在身体、智能及情感上与他人的心理健康不相矛盾的范围内，将个人心境发展成最佳状态。”后来有学者也提出了类似的看法，如日本学者松田岩男认为:“所谓心理健康，是指人对内部环境具有安定感，对外部环境能以社会认可的形式适应这样一种心理状态。”我国著名的心理学家郑日昌也提出，“心理健康就是在社会文化和规范的约束下，个体一方面能够积极调解自己的心理状态，顺应日益变化的环境；另一方面能够有效地、富有建设性地发展和完善个人生活。”

由于人是“社会性动物”，因此单纯、孤立地追求个体性而摒弃社会性是违背发展规律的，反之只讲社会性而忽视个体性也有失偏颇。我国古代著名的思想家、教育家孔子也早在几千年前就提出：“从心所欲，不逾矩”（《论语·为政》），即是说一个人格发展成熟的人，行为既能符合规范（不逾矩），个人需要又能获得满足，因而可以达到一种“从心所欲”的自由状态。因此，个体越是能愉快地接受生活的规范，越是可以获得个人的自由，从而保持平和的情绪、敏锐的智能及社会适应性的行为。

最后，值得一提的是《简明不列颠百科全书》中关于“心理健康”概念的描述。它写到，“心理健康是个体心理在本身及环境条件许可范围内所能达到的最佳功能状态，但不是指十全十美的绝对状态”。这一定义提醒我们对心理健康的理解不能极端化和静止化，它应该是一种相对的水平，相对于个体目前的发展水平和所处的社会环境，并且会随着自身及环境条件的动态变化及局限的不断突破而呈现出新的面貌。

二、心理健康的标准

心理健康标准是心理健康概念的具体化和操作化，也为我们指明了促进心理健康发展的方向。国内外许多组织机构和著名学者都提出了不同的心理健康划分标准，以下将列举一些见诸各研究文献中的、被学界所普遍认可的心理健康标准。

世界卫生大会具体地指出，心理健康的标志是：

（1）身体、智力、情绪十分调和；

（2）适应环境，人际关系中彼此能谦让；

（3）有幸福感；

（4）在工作和职业中，能充分发挥自己的能力，过有效率的生活。

《简明不列颠百科全书》提出心理健康的具体标准是：

（1）认知过程正常，智力正常；

（2）情绪稳定乐观，心情舒畅；

（3）意志坚强，做事有目的；

（4）人格健全，性格、能力、价值观等均正常；

（5）养成健康习惯和行为，无不良行为；

（6）精力充沛地适应社会，人际关系良好。

中国台湾的黄坚厚教授（1976 年）提出以下标准：

（1）心理健康的人是有工作的，而且能把本身的智慧和能力在工作中发挥出来，以获取成就；同时他常能从工作中得到满足之感，因此他通常是乐于工作的；

（2）心理健康的人是有朋友的，他乐于与人交往，而且常能和他人建立良好的关系，在与人相处时，正面的态度（如尊敬、信任、喜悦等）常多于反面的态度（如仇恨、嫉妒、怀疑、畏惧、憎怒等）；

（3）心理健康的人对于他本身应有适当的了解，并进而能有悦纳自己的态度，他愿意努力发展其身心的潜能，对于无法补救的缺陷，也能安然接受，而不作无谓的怨忧；

（4）心理健康的人应能和现实环境保持良好的接触，对环境能作正确的客观的观察，并达到健全的、有效的适应。

上述三种判断标准清楚地为我们展示了心理健康如何在个体现实和精神生活的不同领域的各种体现。不仅包含个体内部心理过程知、情、意的统一协调，也包括对现实人际、工作的适应。

三、心理健康维护之道——积极心理学的启示

心理健康既是心理科学的一个分支，又是自身的一种修养。在倡导身心和谐发展的大环境下，人们逐渐意识到：只有在心理健康的前提下，人们才能更自由、更有效率、更有幸福感地活着。因此，人类心理健康的增进，始终是关系我们的生存品质的基本问题。

在维护心理健康的道路上，以往的心理学更多关注了产生心理疾病的原因和治疗方法，并致力于消除我们生活中的消极部分。这个思路曾给心理疾病患者带来了巨大的福音，然而对更多的常态个体而言，却缺少了指导的效力。我们不禁要问：除了关注负面因素的消除外（并且从某种意义上讲，这个思路有其固有的局限性，因为在个体不同的生命发展阶段，总会有不同的负面因素相继涌现），除了等待问题出现再做矫正和治疗外，在心理健康维护的道路上，我们是否还有更为主动的方法呢？

就此，20 世纪末在美国心理学界兴起并迅速蔓延世界的“积极心理学”思潮为我们给出了满意的答案。首先提出积极心理学这一概念的是心理学家塞利格曼（Seligman）。塞利格曼自六七十年代起开始研究“习得性无助”。在动物实验中，他将小白鼠放到一个有门的笼子里，笼子的底是金属的，然后给笼子底通上低压电流使小白鼠受到不致命但会引发痛楚的电击。实验时，他先将笼子门打开，小白鼠立刻会本能地跑出笼子以逃避电击。但这时研究者马上用一个玻璃板将笼子门堵住，于是小白鼠会撞击在玻璃板上然后被挡回来。这样，小白鼠一次又一次地在企图逃跑时受到玻璃板的阻碍。最终，小白鼠学会了屈服，它匍匐在笼子里，被动地忍受着电击的折磨，完全放弃了逃跑的企图。即使后来笼子门上的玻璃板被移走后，它也不会再试图主动地逃出笼子，而是放弃了所有努力，绝望而被动地忍受着痛苦。小白鼠的这种状态，在心理学上被称为“习得性无助”，用以描述动物在愿望多次受到挫折以后表现出来的绝望和放弃的态度。不仅在动物中会存在这种现象，在人类个体中也会出现因环境事件而导致产生“习得性无助”并进而引发抑郁。不过，可喜的是，塞利格曼又在其后的研究中发现，不仅无助是可以习得的，乐观也是可以通过类似的学习而获得的。学会维持乐观的态度不仅有助于避免抑郁，同时也有助于提高健康水平。

因此，积极心理学的理念在于，如果个体能具有从挫折中恢复的能力、能够更加乐观地生活，那么他们将会减少遭受抑郁的可能性，并且会过得更幸福、更有建设性。换句话说，如果我们能激发起人类的力量，即表示我们在问题出现之前就建立起了一道心理防御，从而更好地预防问题的发生。在不断发展成熟的过程中，积极心理学主要明确了两项基本的任务：一个任务在于使我们明白心理学不仅仅只是对疾病、脆弱和损伤的研究，它同样是对人类自身存在的诸多正向品质的研究和培养，如勇气、关注未来、乐观主义、人际技巧、信仰、职业道德、希望、诚实、毅力和洞察力等，这是积极心理学思想的核心所在。另一个任务在于促使心理学的改变，从开始的修复生活中最坏的事转变到建立最好的生活质量。就像塞利格曼指出的，我们为了防止之前的不平衡，我们必须在治疗前先赋予人们力量，在心理疾病出现之前先预防。

总之，积极心理学主张：心理学的研究应当从只重视对个体缺陷的弥补、伤害的修复转变到更注重发掘处于困境中的人自身的力量上来。治疗不仅仅要修复什么是错的，它同样也要建立起什么是正确的理念。只有这样，才可能做到有效的积极预防，而这是单纯地关注个体身上的弱点和缺陷所不能达到的。

对于整个心理健康的研究如此，对于个体维护自身心理健康的长远发展道路而言也是如此。如果我们更有意识地发掘生活中积极的情绪和体验（如主观幸福感、快乐、满足、自豪和爱等），有意识地培养自我积极的个性特征（如接受自我、具有个人生活目标、感受生活的意义、感受成功、把握环境和接受环境的挑战等），发展与他人的积极关系（当自己需要的时候能获得他人的支持，在别人需要的时候愿意并且有能力提供帮助，看重与他人的关系并对于已经与他人建立起来的关系表示满意），我们就相当于为自身的心理健康设立了一道坚固的防线。

对于年青一代的中职学生群体来讲，更是应当具备心理健康的意识并能采取适当的措施来维护自己及周围人的心理健康，为社会适应与发展打下良好的心理基础。

因此，在整本书中，我们都贯穿了这样的理念：对心理健康的追寻是一种生活的态度和思维的方式，进而可以将我们的价值选择和人生走向导向积极与光明。因此，只要我们始终以一个探索者的角色，保持对真实自我的敏感之心、发现之心以及期待之心，我们就一定能感受到学习心理健康对生活的各方面所带来的积极影响。

第二节　中职学生身心发展特点与心理健康

中职学生，即中等职业学校学生，从年龄上说，一般为15～20岁之间。按照发展心理学的划分，这段时期大致属于青春期，正是一个从幼稚、动荡到成熟、稳定的关键时期，亦称为“第二断乳期”或“暴风骤雨”的危险时期。

理解这一时期的中职学生在生理和心理上到底发生了哪些变化，有助于他们更深刻、更全面地认识自己，并在此基础上主动维护自身的心理健康。

一、不平静的“暴风骤雨”时期

在这一时期，青少年个体在生理、心理的各方面都在经历着巨大的转变。由于身体的迅速发育，使得青少年很快出现了成人的体貌特征，因为这种生理性的变化发生得过于突然，使他们在惶惑不安的同时，也带着长大成人的兴奋与喜悦。他们自觉不自觉地将自己的精力和关注焦点从外部世界中拉回到自身的内部世界，开始了对内心的探索。因此，青春期又是个体自我意识产生飞跃的一个发展高峰。前苏联心理学家科恩曾说过：“青春期最有价值的心理成果就是发现了自己的内部世界，对于青少年来说，这种发现与哥白尼当时的革命具有同等重要的意义。”这一比喻，形象而生动地阐明了在青春期个体身上所发生的那些对于他们的一生来讲都至关重要的变化。

（一）青少年发展的多种路径

青春期是一个充满了各种各样可变性并以心理发展为特征的时期，从童年的功能到青少年期的发展以及再从青少年期到成人发展之间的连接，存在很大的个体差异，表现出不同形式的路径和轨迹。有研究者（Bruce E C，Beth R H and Cynthia A G，1995）通过对正常发展的青少年和问题青少年的研究发现了五种发展路径（如图 1 所示）。这些发展路径是青少年在成长过程中的危险因素和那些保护性因素共同作用的过程与结果。

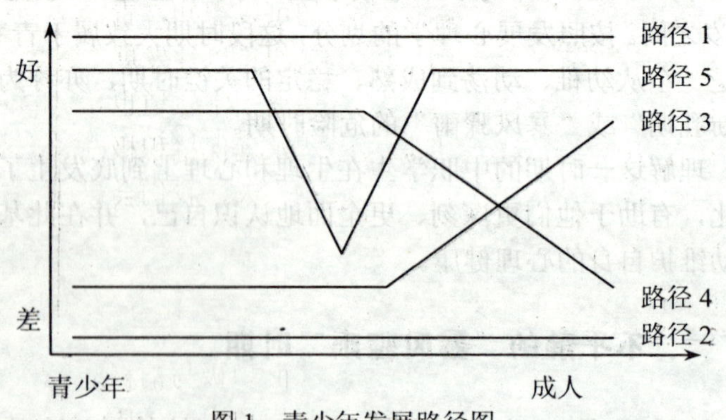

图 1　青少年发展路径图

路径 1 表示的是稳定的适应性发展，这种发展路径一般可以在那些在相对稳定和良好的环境中度过青春期的青少年个体身上找到。比如那些远离青少年犯罪、反社会行为以及严重的情绪困扰，接受了良好的家庭环境和学校教育，同时又具有积极的自我意识的青少年。路径 2 表示稳定的适应性不良，表现出这种发展路径的青少年一般是带着问题行为或消极的个人发展史进入青少年时期，并持续暴露在慢性的压力和逆境中，并且找不到对抗这些危险的资源。

前面两种途径是相对稳定的发展形态，后面三种则更具变化特征。路径 3 表示扭转或复原的发展，即以前消极的发展模式在青少年时期得到了扭转。出现这种情况可能是重要生活事件或自我意识的觉醒所带来的积极转变。路径 4 表示下滑的发展，这类个体在继相对成功发展的童年发展时期后表现持续下滑的状态。出现这种模式的原因一般是在青少年时期周围环境发生了重大的变化。如有的青少年在经历了家庭结构的变化如父母离异或再婚后，表现出长期的消极反应。路径 5 表示在青少年时期有暂时的偏离正常发展或适应不良，如在经历了青春期的冲突、叛逆，出现了一些发展性问题后，又重新回到了正常的轨道。

从上述发展路径的探讨中我们可以得知，青春期是一个充满了变数的时期，同时也是可以去纠正以往发展中遗留问题的一个充满了可能性的时期，暂时偏离正常轨道也是这一发展过程中常见的形态。只要我们自身能永远保持积极的心态，不断致力于协助自我成长，那么终究有一天，我们会达到良好的适应与发展状态。

（二）青春期主要的心理特点

处于危险期的青少年有着各方面积极与消极的心理特点，其发展也不平衡，往往造成各种各样的内心矛盾。因此，青春期的心理特点主要表现于矛盾冲突性，是一个幼稚与成熟、开放与封闭、独立性与依赖性、主动性与被动性等错综复杂地交织在一起的时期。青少年生理和心理发生着很大的变化，情感情绪也相应表现出多变、丰富和矛盾的特点。

具体来讲，一方面青少年的身体已经进入青春发育阶段并日趋成熟；另一方面由于知识、经验的缺乏，还表露出相当程度的幼稚性。这一时期的思维特点也是如此，虽然批判性和创造性日益明显，但表面性和片面性依然存在。这就使得他们在遇到困难或挫折时，很容易不顾现实、易走极端。

在独立性与依赖性方面，青少年个体在自我意识和独立意识高涨的同时，又对成人有着相当的依赖性。青春期的孩子既希望得到更多自主、自由的权利，又需要父母的支持和指导。他们渴望成人尤其是父母和老师的理解，并在他们迷茫的地方给予有力的帮助，提供可行的建议。然而，处于这一时期的青少年个体对于自主和尊重的需要也非常强烈，因此，倘若为人父母者，为人师者不能以平等尊重的态度对待他们，不能根据青少年的成长而相应的调整自己的教育方法，则会阻碍青少年向他们所信赖的成人敞开自己的内心，并容易引发冲突。

青春期的开放与闭锁心理主要表现在趋于关闭封锁的外在表现和日益丰富、复杂的内心活动并存于同一个体，可以说封闭与开放并存是青春期心理的普遍存在而又特殊的标志。闭锁心理问题主要是对处于消极情况下的心理而言的，青少年倾向于在消极情绪控制之下，封闭与外界的任何心理。但事实上，身心的巨大变化和对内在、外在世界探索的强烈兴趣，又在驱使他们不断寻找可以安全表达的对象，因此这一时期的青少年对于真挚的友情是异常看重的。可以说，真正的朋友与自己共同分担了挫折与烦恼，共享了成功与喜悦，见证了所有成长路上的喜怒哀乐。

此外，由于内在的身心变化和外在的学业、交往等压力，使得青春期的个体内心烦躁不安、情绪波动较大。这种动荡的情感有时外露、有时内隐；一个微笑可以使情绪飞扬、彻夜兴奋，遇到小小的挫折也可能导致青少年失望叹气甚至悲观颓废。

最后，性发育的迅速成熟与性心理相对幼稚也给青春期的个体带来了相当的困扰。当前，有的学校存在忽视生理卫生、青春期性健康教育的现象，学生们也因此失去从正当渠道接受正确教育的机会。受认知能力和个性发展的限制，在教育引导不及时、不得力的情况下，青少年就容易出现与性有关的心理困扰。

二、中职学生的心理健康

（一）中职学生心理健康的含义

在第一节中，我们探讨了一般意义上的心理健康的内涵与标准，对于处于特殊的发展阶段的中职学生而言，身心发展呈现出明显的年龄特征，因此，对中职学生心理健康的理解也需要进一步具体化。

吴增强认为，学生的心理健康标准包括：

（1）具有良好的认识自己、接纳自己的心态与意识；

（2）能调节、控制自己的情绪，使之保持愉悦、平静；

（3）能承受挫折；

（4）能较正确地认识周围环境、适应环境并能改造环境；

（5）人际关系协调，具有合群、同情、爱心、助人的精神；

（6）具有健康的生活方式与生活习惯；

（7）思维发展正常，并能激发创造力；

（8）有积极的人生态度、道德观、价值观和良好的行为规范。

郑日昌认为，学生心理健康标准有十条：

（1）认知功能良好；

（2）情感反应适度；

（3）意志品质健全；

（4）自我意识正确；

（5）个性结构完整；

（6）人际关系协调；

（7）社会适应良好；

（8）人生态度积极；

（9）行为规范化；

（10）活动与年龄相符。

2002年教育部印发了《中小学心理健康教育指导纲要》（以下简称《纲要》）。《纲要》中明确指出中小学心理健康教育的具体目标是：使学生不断正确认识自我，增强调控自我、承受挫折、适应环境的能力；培养学生健全的人格和良好的个性心理品质；对少数有心理困扰或心理障碍的学生，给予科学有效的心理咨询和辅导，使他们尽快摆脱障碍，调节自我，提高心理健康水平，增强自我教育能力。

《纲要》还指出，要针对年龄阶段特点，有侧重地确定心理健康教育的内容：帮助学生在学习生活中品尝解决困难的快乐，调整学习心态，提高学习兴趣与自信心，正确对待自己的学习成绩，克服厌学心理，体验学习成功的乐趣，培养面临毕业升学的进取态度；培养集体意识，在班级活动中善于与更多的同学交往；培养健全开朗、合群、乐学、自立的健康人格；培养自主自动参与活动的能力等。

中职学生可以对照以上有关中小学生心理健康的标准，看看自己在哪些方面还存在差距。尤其是《纲要》的提示，不仅是对学校和老师的要求，同时也是中职学生追求自我完善的导航灯。

（二）中职学生心理健康所面临的挑战

中等职业教育是我国现代教育的一个重要的组成部分，已构成了我国教育体系中不可或缺的环节。中等职业教育的质量直接关系着中国经济社会的发展，而中职学生则是社会主义建设重要的主力军之一。

从 2007 年开始，国家加大了中等职业教育的发展步伐，每年招生约 700 多万人。在这个数量庞大的群体中，有的是因为学业状况、有的是因为家庭或经济原因、有的是出于个人选择等而没有升入高中。然而，不管是由于何种原因，正值青春年华的中职学生都承受着青春期特有的生理和心理急剧变化所带来的压力，同时还承受着学习、考试、升学受挫、适应、就业、生存等带来的种种压力。在中等职业学校里，中职学生面对的是一个全然陌生的生活学习环境，里面有着比以前更为复杂、生疏的人际关系；他们在经历了中考的洗礼后，可能已丧失了以前的优越感和被关注的地位，伴随而来的可能是强烈的失落和自我否定；还有想象中的职校生活与实际职校生活的落差，各类考试、学习任务带来的压力；对集体生活的适应以及真正自己独立面对和处理各类学习、生活问题；需要比同龄人更早地面临择业、就业的巨大压力，过早地被推入社会竞争的旋涡等，都使他们的心理健康受到了相当程度的考验。

有一些相关的研究表明，相对于初中教育来说，中职学生学习的主要特点是知识量大、进度快、职业化、操作性要求高，因此中职学生很容易产生学习心理方面的困扰。具体可能表现为：学习动机不强、学习方法调整不当、学习目标不明确、专业理论与技能学习失衡等；还有研究发现，中职学生的心理健康问题主要表现为学习焦虑、人际困难、冲动倾向、躯体化症状等。

目前，社会已经越来越多地关注到中职学生这个群体的心理健康问题，认识到心理健康在学生后续发展中所起到的重要作用。教育部在《中等职业学校学生心理健康教育指导纲要》（教职成[2004]8 号）文件中明确地指出，在中等职业学校开展心理健康教育，是促进学生全面发展的需要，是实施素质教育、提高学生全面素质和综合职业能力的必然要求。

第三节 心理咨询

心理咨询的兴起和发展可以说是植根于现代社会发展变化这一大背景中的。心理咨询不是一种自然现象，而是一种社会文化现象，与社会生活的变迁息息相关。在社会竞争越来越激烈的今天，在人们的适应和发展都遭遇着重重压力的现代社会，心理咨询是一种专业助人以增进人们的心理健康的有效途径。

一、什么不是心理咨询

要真正理解心理咨询是什么，首先就要了解其反面——心理咨询不是什么。通过正反对比，我们才能较为准确地把握心理咨询的真正意义。香港的林孟平老师提出了以下一些观点：

1. 单单提供资料不是心理咨询

咨询中可能会涉及为来访者提供其所需的资信，但仅仅提供资料则不是心理咨询。在职业咨询、管理咨询、法律咨询中，提供资料是最重要的部分；而在心理咨询中，促进来访者更好地认识自己、了解自己、提高自信和积极的自我意识，从而过更好的生活才是最主要的部分。

2. 咨询并不是一种社交谈话

心理咨询主要是通过谈话来完成的，当然也包含一些艺术如绘画、音乐、沙盘等表现手法。但是，通过谈话而完成的咨询却与一般社交的谈话有重要的区别。前者是人性化的，来访者与咨询师都以一个真实的人投入其中，彼此信赖；后者在更大程度上则是非个人化、形式的和表面的交往过程。

3. 仅有教导或只是说教不是咨询

心理咨询不是简单的教导或说教。这些东西来访者已经从他身边的亲朋好友口中或多或少听到过，甚至已对此持厌烦和排斥的态度。心理咨询是站在来访者的立场，陪伴对方，共同去探索问题的原因，并寻找可能的解决问题的方法。在这个过程中，咨询师是心理方面的“专家”，而来访者是了解自己方面的“专家”，两个“专家”之间是合作、平等的关系，都为了一个共同的目标而努力。

4. 只对困难做逻辑分析不是咨询

心理咨询不是只对来访者产生困扰的原因做逻辑和理性上的分析。人生是个心理过程，而非逻辑过程，许多来访者在面对困境时多是焦虑不安和混乱彷徨的，这时咨询时不会强迫他们对问题进行理性思考，而是用一些心理咨询的方法和技巧来帮助对方处理情绪。

5. 一心只给予建议和替他人做出选择不是咨询

咨询不是直接为他人提供建议，更不是代替他人做出选择。咨询师相信，每个人都有完善自己，实现自己的人生价值的天然趋向，每个人的生活最终是他自己去走过的。因此，咨询师不会代替来访者对他们的生活做出决定，而是要协助他们通过澄清每个方面的问题和影响，从而做出真正的自我决定，并能承担起每种决定可能带来的结果。

6. 只为人解决当前问题不是咨询

心理咨询会关注于个体当前的问题，致力于缓解和消除症状。但是，心理咨询不是仅仅头痛医头，脚痛医脚，解决了当前的问题就做结束。心理咨询是把困难和问题看做一个发现自己的机会，是一个经由过去累积、发展和演化而来的过程，因此，透过当前的问题可以看到个体身上一贯的局限，从而改变看到问题的视角、感受自己的方式或处理问题的方法。

7. 单单安慰和开导不是咨询

有时安慰和开导是无力的，只能在一般意义上起到暂时缓解的作用。还有时，当我们仅仅安慰和开导别人时，对方会觉得我们根本就不了解他的苦痛，并没有真正设身处地站在他们的立场去思考问题。因此，心理咨询不会对来访者做简单的安慰和开导，更不是帮助来访者把伤口遮盖起来，表面上感觉好过一些。

8. 同情的态度和行为不是咨询

在咨询的过程中，来访者常常会谈论到以前或当下自己一些艰难的处境，会讲到自己在人生路途中所经历的磨难。但是，这时咨询师的态度不是同情，而是同感。前者当一个人同情另一个人时，相当于把自己放置在比对方更高、更优越的位置上，是一种上对下的怜悯。后者同感则是一种平等的态度，是“我对你的痛苦感同身受，我深深地理解你为成长所付出的代价和所进行的不屈的努力。”

9. 只有批评和指责不是咨询

心理咨询不是对来访者的批评与指责。尽管他们也许曾经犯过错误，但是咨询师更看重他们当下来寻求帮助的勇气和改变的动机。这时，来访者更需要的是支持、理解与帮助，是与他们站在一起共同面对挫折与困难的人，而不是一个去批评和指责他们的过去的人。

二、心理咨询是什么

关于什么是心理咨询，有很多理论研究者和临床工作者从不同的角度提出了各自的见解。以下是一些具有代表性的观点：

帕特森（Patterson）在 1959 年提出，“咨询是发生在一种人际相互关系中的过程，构成这一关系的是一位治疗师和一名或更多的当事人。在这个关系中，前者试图运用以系统的人格心理学知识为基础的心理学方法来改进后者的心理健康水平。”1967 年，他又对此定义进一步做了修正，更为具体地对心理咨询的目标和帮助过程的特点做了恰当的说明，“咨询是一种人际关系，在这种关系中咨询人员提供一定的心理气氛或条件，使对象发生变化，做出选择，解决自己的问题，并且形成一个有责任感的独立个性，从而成为更好的人和更好的社会成员。”

柯西尼（Corsini & Wedding）在 2000 年提出，“心理治疗是双方互动的一个正式的过程，每一方通常由一个人构成，但有可能由两个或更多的人组成。其目的是由精通人格起源与发展，行为维持与改变之理论的治疗者，在专业与法律的认可下，使用逻辑上与该理论有关的治疗方法，来改善另一方在下列任一或所有领域的无能或不良带来的苦恼：认知功能（思维异常）、情感功能（痛苦或情绪不舒适）、行为功能（行为不当）。”

中国台湾的人本主义心理学家林孟平老师认为，“辅导是一个过程，在这个过程当中，一位受过专业训练的辅导者，致力于与当事人建立一个具有治疗功能的关系，来协助对方认识自己、接纳自己，进而欣赏自己，以致可以克服成长的障碍，充分发挥个人的潜能，使人生有统合并丰富的发展，迈向自我实现。”

从上述三种具有代表性的定义中我们可以看出，首先，对心理咨询的理解都很强调双方的互动关系，且这个互动关系本身就能提供心理咨询所需要的氛围，起到治疗的作用；其次是心理咨询的理论基础是系统的人格心理学知识、行为维持及改变的理论。即心理咨询师应当要了解人类心理的基本结构，了解人格发展与变化的过程及影响因素，了解人的心理为什么会生病，而人又如何可以好起来。最后，所有的概念都指明了咨询可能给来访者所带来的改变，这种改变从认知、情绪和行为三个层面，将对来访者后续的生活起到积极的促进作用。

三、心理咨询的功能与目标

心理咨询的功能是帮助个体克服适应和发展中的各种心理困难和障碍，成为健全的、有效率的建设者和享有个人幸福的个体。那么，具体来讲，这个“理想的人”到底是什么样子呢？心理咨询到底会将来访者导向何处？无论是何种流派的心理咨询，总是需要首先解决这个最基本的目标问题。

现代心理咨询的基本理论较多采纳了人本主义心理学家提出的“健全人格”的标准，将其作为“理想的人”的具体化。拥有健全人格的个体具有以下特征：

（1）比一般人能更有效地知觉现实，并更能适意地在现实中生活；

（2）对自己，对他人以及客观现实有高度的接纳；

（3）有自发性，一任天然，率真；

（4）以问题为中心；

（5）有独处的需要；

（6）高度的自主性；

（7）能够欣赏生活，不失去对普通生活的新鲜感；

（8）常有“高峰体验”；

（9）有“同类相亲之感”；

（10）与一些朋友和亲爱的人有密切的关系；

（11）民主的性格结构；

（12）强烈的道德感和独立的善恶判断能力；

（13）善意的幽默感；

（14）创造性；

（15）抗拒文化适应。

当然，上述是心理咨询的终极目标，是心理咨询所追求的终极方向。因此，当具体到某个特定的个体身上时，很难完全符合上述各项标准。

还需要注意的一点是，咨询的目标要在依靠心理学手段可以达到的范围之内。因此，拟订目标时，要考虑到目标实现的条件、资源等，超越可能性的目标不仅无益，反而会因达不到而挫伤双方的积极性。

举例而言，常常有失恋的来访者说，我希望心理咨询能让我忘记对方，忘记这段感情，不再为这段过去的感情而痛苦。想想看，这是一个在心理学手段的范畴内现实又可行的目标吗？

事实上，失恋后的消极感受是人性的本能使然，也是这段感情所留下的自然痕迹。除非运用魔力，否则我们就不可能将一段刻骨铭心的感情从记忆中抹去，这只是不现实的幻想而已。

但是，虽然咨询不能达到忘记和不再痛苦这两大功效，却是可以协助来访者接受失恋后一段时间里正常的情绪反应，不刻意去压抑和否认自己的伤心等消极情绪。接下来则是恢复正常的作息，重新建立一个人独立的生活规律和习惯，但同时允许自己有悲伤的感受；此外，还要鼓励来访者增加与朋友、亲人之间的联系，拥有新的倾诉对象，建立新的支持系统；最后，在情绪充分被处理后，则是需要重新整合这段过去，发现这段感情对自己的心理成长的积极意义以及对下一段感情的启示。至此，心理咨询虽然没有直接达到来访者的目标要求，却是可以从更积极的层面来引导来访者走出失恋的阴影。

四、心理咨询师的基本态度

心理咨询是一项对咨询师的自身修养要求很高的职业，心理咨询师本人在整个咨询过程中的基本态度，具有积极的示范和治疗功效。

（一）同感

每个人由于教育程度、生活环境、经历不同，往往形成自己所特有的认识事物的思维方式和参照标准。这种先入为主的情况，使得我们在考虑问题时常常很难真正站在对方的角度，设身处地地为对方着想，并以对方的眼光来理解他们的精神世界。

然而，要了解、关怀来访者，作为咨询师就必须对来访者形成共感和理解的态度。从咨询者的角度讲，具有良好的共感，便可以设身处地理解来访者、准确地把握材料，从而更好地协助来访者考虑自己的问题并寻求解决问题的办法。从来访者的角度来讲，共感给来访者提供自由表现自己的态度、感情的接纳和宽容的气氛。这样不仅可以帮助来访者进行自我表达、自我探索，而且使来访者感到自己被接纳、被理解，从而产生一种自我接纳的、满足的感受。这种感受又会促进他继续表达和解剖自己，使心理咨询过程顺利向前发展，咨访双方更深入地沟通。

（二）无条件积极关注

积极关注即是咨询师不以评价的态度来对待来访者，不依据来访者行为的好坏对错来决定怎么对待对方。无条件地从整体上接纳对方，将对方视为一个有价值的人；纵使不同意对方的一些意见，但仍然尊重对方的人格。

著名的人本主义心理学家罗杰斯说过："尊重是无条件的，意思是说这份尊重并不决定于来访者的行为，因为当我们接纳一个人时，是整体的接纳，不但包括他的长处，连短处也一起包括在内。"

可以说，这种态度已经成为咨询师为人的基本价值取向。这种价值观相信每个人都是不同的，认为每个人的人生过程都是一个充满了曲折的复杂的奋斗、思想和感受的过程。因此，咨询师尊重来访者所拥有的独立人格，相信人都有向善和成长的潜能，人都有尊严和存在的价值。也正因为如此，咨询师有足够的心理容纳空间，允许来访者做他们自己，有他的感受、想法、情绪和行为，既不对来访者做嘲笑和贬低，也不把自己的好恶和价值观加在对方身上。

（三）真诚

真诚是指咨询师在咨询过程中"做真实的自己"，以一个真我出现，不躲藏在专业角色背后，不故作高深。相反，咨询师能够真实可靠地投入在一个真正的关系中，允许自己有感受的流露。不特意取悦对方，也不回避自己的失误或短处。此外，由于咨询师清楚地知道自己的价值和信念，因此他在咨询过程中始终能做到表里一致、心口一致、言行一致。

可以说，真诚本身是一种健康的生活方式，并带来对自己的接纳、喜爱，以及轻松的感觉。事实上，我们中的一些人，从小，从家庭中就看到了对他人、对自己缺乏真诚，于是，我们也逐渐学会了自我保护、隐藏自己，并对人对己都渐渐疏离。然而，当人与人的相交缺乏真诚的时候，当人与人的相交流于表面和非人化的时候，人的共处就不会再有促进成长的功能，相反还会损害人的身心健康。当你与人相处时时都需要伪装，不能放松并流露真实的自己的时候，当人一旦戴上假面具之后，就要花很多心思很多精力来遮掩那个真正的自己，从而没有足够的精力来建设性的成长。真诚会导致信任和喜爱，且咨询师的真诚对于来访者来讲具有榜样的作用。在来访者学会真诚的同时，他们对自己的感受也将慢慢提升。

五、理解心理咨询的时间设置

心理咨询是一个渐进的过程，常常不是一次完成的。长期的咨询可以持续两年、三年甚至更久；中期的咨询一般是半年到一年期间；短期的咨询则是 8 次左右。

一般来讲，当与咨询师约定一个大致的咨询次数后，会固定于每周一次的会面。这样的时间设置将有助于咨询师和来访者之间形成信任、稳定的关系。

每次咨询时间大概在 50 分钟到一个小时之内，第一次咨询时间可能稍长。在两次咨询的间隔期间，来访者有机会将咨询中所学运用到现实生活中，以检验自己是否已能有效应对咨询时提出的问题。

当咨询进展到一定的阶段，来访者个体感觉咨询当初的问题已经获得较好的解决时，就可以与咨询师协商结束。

第二章 中职学生入学适应必修课

一位机械制造专业的同学在日记中写道：开学没过多少天，刚进校门的那种喜悦之情和对专业的好奇感已经没有了，我只感到疲惫不堪，感觉压力很大。渐渐地我对新的学习生活感到困惑，心中总有说不出的滋味。我觉得自己好像无法适应这全新的生活，学习竞争激烈，老师要求严格，好朋友分离四散。和新同学相处中，出现了一些不和谐，我真真切切地感到，新的生活不像我想象中的那般美好，我难以适应这儿的学习生活。

学生 C：初中一直当班长，集体荣誉感和主人翁的意识都很强，对看不惯的事情敢说敢管，习惯了居高临下。为了维护班级的形象，军训第一天他就和同学发生口角，班主任提醒他注意，但他不以为然。不久，班团干他落选了。一个热情大方的小伙子感到了失落，渐渐地心灰意冷，集体活动他能避就避，有时甚至还跟班委唱反调。后来也曾试着主动和同学改善关系，但似乎难以得到真诚的回应。他感到孤独、失败，十分无奈。

上述两例揭示的是典型的“中职新生适应现象”。当我们进入一个全新的环境时，我们的心理状态也许还停留在以前，或者是内在的变化赶不上外在的转变，因此可能在心理、生活、学习、人际交往各个方面都出现一些不太适应的现象，我们称之为“中职新生现象”。

“中职新生现象”是在适应期内普遍存在的，是很正常的，一般经过一段时间的过渡之后，就会慢慢好转，新生也能逐渐融入新的环境中。但是如果适应期的这个发展性危机没能顺利度过，新生无法较好地进行自我调适，这就会影响到后续的身心健康发展，并干扰学习和生活的正常进行。

第一节　中职新生适应问题面面观

心理学家做过一个实验，把一只小猫先放进背景全是竖线条的生活空间里，让它自由自在地生活了一段时间后，又将它放进一间全是横线条的生活空间里，结果小猫开始东倒西歪，连站都站不稳。你知道这是为什么吗？原来，小猫对新的环境感到不适应，出现了感觉混淆和行为反常。

其实人和动物一样，当进到一个新的环境时，我们往往会感到不适应，有压力。中职新生刚从初中阶段进入中职学校，也会因为对新环境的不适应，而在认知、情绪、行为等方面出现一些迷茫、困惑、难受和不协调的现象。主要来讲，表现在以下几个方面：

一、心理上的不适应

初中毕业的学生大多在 15～17 岁之间，从心理成长来看，正处于“第二反抗期”的最后阶段，这一时期学生的“成人意识”很强，觉得自己已经是“大人”了，恨不得马上“独立”，反感家长和老师的管束。因此当他们离开家，离开原来的学校时，心理的“独立”愿望“终于可以实现”，在新鲜感的促动下，“好好干一场”的热情也会随之迸发出来，所以中职新生对于新的学习生活和结交新的朋友往往热情是比较高的。

然而，中职学生在现实的生活中，离开了家的“温暖”、老师的“管理”和原来那些同学的“关心”，热情和新鲜过后反而产生的是无助、孤独和寂寞。于是，有的新生整夜、整夜地躲在被子里伤心流泪，在对远方亲人朋友的思念中挨过一天又一天；有的则通过拼命吃零食或一个人躲着听音乐来寻求暂时的安慰；还有的上课开始走神，精力难以集中，常常是听着听着，思绪就不自觉地悄悄飘走了，等等。这些反应，在一段时间内是正常的，但是如果长时间反复出现并形成了一种习惯化的应对模式，就会阻碍中职学生积极的适应，天长日久就导致学生缺乏自信、人际上变得退缩、与环境的不协调感加重，并进而影响到中职三年的成长。

除了在心理上不适应环境外，新生还比较容易感受到心理落差。刚到全新环境时，我们总爱这样问自己“这里的新同学和老师会喜欢我吗？我有没有吸引力？我有没有优势？”等等。在这样的自我探询中，有些新生很容易产生一些不合理的认知，觉得“还是过去好”，“周围没有人喜欢我”，“班里的新同学不真诚”，“我不是班干部，成绩不再优秀了，不必严格要求自己了”等等。

处于青春期的中职新生，有着强烈的自尊、认同和归属的需要，非常渴望从朋友中获得情感的共鸣。但是，当中职学生离开家来到外地上学，在获得了更好的学习机遇的同时，也面临了众多的“心理丧失”——离开所熟悉的故土，离开那些深有感情的老师和同学等等。从某种意义上讲，这个处境下的中职学生是特别不容易的。一方面，由于时空的限制，大家与以前的人际关系基本上处于“疏离状态”；另一方面，全新的生活又要求中职学生们要尽快地建立起新的人际支持系统。这些都对中职新生的适应提出了较大的挑战，也使得很多人出现恋旧情绪。恋旧本身没有问题，是人与人之间真诚的情感联结的自然流露和延续；但如果中职新生过度恋旧，沉浸于以前的日子，一味地怀念与过去的朋友相处的点点滴滴，在与新同学接触时总觉得新面孔不合意，习惯性地处处拿初中时好友的标准来加以衡量，以致错过了结交新朋友的机会，或者对目前的暂时不适应状况全然采取抵触的态度就有问题了。

二、生活上的不适应

从小学到初中，大部分同学都是走读，对家庭的依赖性比较强；上中职学校后，大部分学生都不能再常常回家，因此需要自行安排好学习、生活。另外，初中时的学校生活与中职学校相比相对简单一些。从时间上来说，在初中时学生除了吃饭睡觉外，大部分时间几乎都在课堂上，觉得时间很紧张。到中职学校后，感觉“时间”一下子多出了许多，一般下午两节课以后就觉得没有事情做，闲置下来反而感觉无聊、空虚。为了填补这些空白，部分时间规划好的学生会根据自己的兴趣找书看或做一些积极的活动，但对于那些自控能力本来就稍微欠缺的学生来讲，要充分利用这些时间来发展和提高自我就显得有些困难，并且他们采用的打发时间的方式又会致使新的问题产生。

从日常生活上来说，在中学，大部分学生生活费几乎是父母帮着计划的，一般一周给一次生活费，很多学生除了生活费以外，零用钱较少，属于自己支配的钱有限。而上中职学校后，家长几乎都是一次性给足一个月的生活费，需要同学自己计划使用，这样“会计划”的学生一般能安排好生活，而有相当部分学生觉得放在自己手里的钱宽裕了，可以随心所欲地花钱了，往往导致月末“伙食不足”，轻则再次向家长“追加”，重则“欠外债”，无形中加重了自己消极的情绪，同时也影响了学习和生活。

三、学习上的不适应

由于中职阶段的学习和初中阶段的学习在很多方面存在差异，因此新生可能在刚开始时对中职阶段的学习有种力不从心的感觉，出现诸如“我觉得自己跟不上新的学习节奏”、“我变笨了”、“班上其他同学都比我强”、“我没有别人有后劲”等负面的想法和感受。

认真比较一下，初中阶段和中职阶段的学习有以下几个明显的不同之处。从学习目标上看，初中阶段的目标更多是打好各科基础知识，为顺利升上高一级学校做准备。而中职阶段的目标主要是三年后能顺利就业，因此中职学习的职业导向、应用导向非常明显。从学习方法上看，初中阶段老师的主导性发挥较多，学生的学习相对比较被动。而中职阶段，学生更多是在教师的指导下学会自主学习，合理安排课余时间，补充专业教育所需的课堂之外的知识储备。从学习内容上看，初中阶段的内容以文化基础课程为主，而中职阶段的学习相对来说以专业知识和技能的学习为主。由于这些差异，要求新生到校后不论是学习目的，还是学习方法和学习内容上，都要进行一定的转变，才能有效适应中职学习的特点。

四、人际关系上的不适应

初中阶段由于学习时间紧，也没有更多的接触社会的机会，人际圈子相对来说较小一些，除了老师和同学外，没有更多的交往接触，学生对老师的心理依赖和对同学的心理依赖性很强。上中职学校后，时间不像中学那样“箍”的紧了，学习要求上也“压”得轻了，加上同学来自四面八方，人际圈子一下子增大了许多。性格开朗的学生有一种好奇和热情，带着一种交往的冲动走入新的人际圈子，一般很快能适应。但是对于性格稍微内向的同学而言，可能在开始相互认识的阶段就不那么占有优势了。有的同学在人际交往上是快热型的，即很快能和别人玩到一起；而有的人是慢热型的，需要很长的时间来相互了解，才能投入一段友情当中。但是，要注意的一点是，并不是相对内向的同学在人际交往上就一定不如外向型同学那么好，只是说在开始阶段，没有外向的同学那么活跃，那么容易与别人打成一片而已。可是，慢热的同学一旦与别人建立起友情，就会是比较稳重和持久的，而对方也会在天长日久的相处中，慢慢去品读你这颗丰富、细腻的心灵。

总之，中职学生远离父母和朋友来到异地求学，本身就是一个重大的生活事件，出现一些暂时的不适应现象是非常普遍的。如果不切实际地认为所有糟糕的事情都只发生在“我一个人身上”，反而会无端给自己增添很大的心理压力。事实上，只要中职学生在内心里对变化和新的环境带着好奇，客观而积极地处理所面临的种种不适应，既不一味地回避，也不沉溺于过去，那么丰富多彩的中职生活就一定会属于中职学生每一个人。

第二节 适应问题形成的原因

为什么会出现上述种种不适应的现象呢？我们通过问卷调查、学生自我反思、团体辅导、个别心理辅导等途径的了解，主要从人格特点、成长背景和现实冲突三个方面来进行理解和分析。

一、人格特征对适应问题的影响

一般认为，性格外倾型的学生适应能力相对比较强，性格内倾型的学生出现适应问题的可能性要大一些。经过我们观察研究发现，外倾型性格的学生，更愿意与周围的环境进行互动，能够主动调整自己的行为模式以应对不熟悉的刺激，因此确实比内倾型性格的学生表现出更强的适应能力。

但性格对适应的影响也不能完全一概而论。例如冲动、急躁的人格特征，更多出现在外倾型的性格当中，但有这种人格特征的学生，常常由于新环境带来的新的人际关系或者对规则的适应出了问题，而表现出心理上的不协调，与环境发生冲突，甚至表现出攻击性；反之，内倾型性格的学生，往往更多地将精力放在自己身上，少与周围环境发生明显的冲突，因此较少表现出攻击性，强烈冲突型的心理适应问题出现得就少。

可见，人格特征确实会影响到中职学生的适应问题，但是这种影响并不是简单的、表面的。也没有哪一种人格特征是完完全全的好，哪一种是彻底的不好。关键是我们首先要认清自己，并了解自己人格特征中的优势和局限，从而真正做到能够扬长避短。

二、家庭教育对适应问题的影响

在心理适应问题中，我们会发现家庭教育对新生的影响非常大。家庭教育会让学生形成基本的对待外界人和事的态度。有些学生会一直比较积极、主动地接受原来不熟悉的事物，与周围的人、事、物发生积极的联系。有些学生则会比较被动，面对突然出现在眼前的环境或人的变化，感到手足无措。

如果家庭教育带给学生的，是积极地面对变化，是包容地面对冲突，是调整自己来顺应环境，那么这样的学生是可以很快适应中职学生活的。而如果学生在家庭教育中经常性感受到的是一成不变、回避和退缩，那么这样的学生在中职学习生活中是很有可能出现心理适应问题的。

对学生来说，家庭中根本的关系是亲子关系。父母养育孩子的方式基本决定了孩子长大后与外界进行互动的模式。比如孩子对父母的依恋关系，就决定着他（她）长大后与他人之间的关系模式是安全型的、逃避型的还是焦虑矛盾型的。一般来说，具有安全型的人际互动模式的新生，会很快适应大学生活中的人际关系，可以更容易地从他人那里得到资源与支持，从而避免一些心理适应问题。而逃避型的新生则更难以与他人进行有效的沟通和交流，因而获取外部资源的能力较差，遇到一些现实问题单凭自己过去积累的能力可能无法应付，所以可能出现一些心理适应问题。

亲子关系的影响往往在一些具体的事情上才会体现出来，并且由于成人世界中发生的事很难与童年时代发生的事联系起来，因此很容易被忽视。但亲子互动的模式既然已经固定，就会持续地产生影响。另外如学生与家长的沟通交流方式等，也会在新生阶段以更直接的方式显现出对适应能力的影响。比如新生进入到新的环境中后，一定有很多感受是可以跟父母进行交流的。但如果新生与父母的沟通交流较少，缺乏沟通交流的意愿，则既缺少一个表达或者宣泄的渠道，又不能及时获得有用的反馈或建议，对于现实的困难应变能力就会弱一些，而且更容易郁积不良的情绪，就容易出现心理适应问题。

因此家庭教育的影响一定会在新生的适应阶段表现出来。总的来说，家庭教育是影响新生心理适应能力的重要因素。

三、中小学教育、社会教育对适应问题的影响

中小学教育是学生进入中职学校学习的基础，除了知识的授予以外，还形成了学生基本的价值观、人生观和人际交往能力。因此中小学教育显然也是影响中职新生适应能力的重要因素之一。

具体来讲，学生在小学阶段形成了基本的学习习惯，并且学会了适应基本的社会规则。学生逐渐发展出一套与周围环境进行互动的模式，包括如何适应规章制度、如何与同学打交道、如何进入一个小团体、如何与不同的人相处、如何向交往对象表达自己的需要、如何与老师沟通等等。随着所掌握的知识的增加，学生也开始逐渐对自我的价值等进行探索。这一阶段对于学生形成积极或消极的、向外或向内探索的行为模式具有重

要意义。因此即便是小学阶段的教育也会对中职学生的心理适应产生影响。

在初中阶段，学生对于学业之外的社会生活的各方面有更多的参与，对于朋辈关系、异性关系的探索变得更加重要，自我意象、意志力、个人理想、价值观和情感动力等精神因素也开始逐渐形成。因此在中学教育阶段学生所形成的一些相对稳定的精神因素，在进入中职学校后面临完全不同的环境和个人发展空间，可能由于其中的一些负面内容而致使产生心理适应问题。如在初中阶段主要以学业成绩来评价学生，而到了中职阶段，同学对学业之外如人际交往能力、兴趣特长等更为看重，这就会使得部分学生在比较之下体验到挫败感，甚至产生自卑心理，对自我的整体评价趋于下降。

第三节 人生永恒的主题：适应和发展

中职新生要认识到，人一生都在进行的两件事是：适应和发展。人的一辈子，其实就是一个不断“丧失”同时也不断“更新”的过程：胎儿丧失了襁褓，才能学会站立和走路；青少年丧失了父母的呵护，才能成为具有独立生活能力的人……如果我们一辈子都惧怕丧失，都不愿意付出任何代价，那么我们也终将丧失发展的机会。从这个角度来看，你今天由于丧失所带来的暂时的痛苦和不适应，换来的正是明天的飞跃。

如果你明白了这一点，那么与其消极被动地面对新的环境，不如积极主动地去适应新的环境；如果你想赢得别人的喜爱，赢得朋友，就必须开放自己、关心别人；如果你永远沉浸在自己的“孤独”之中，永远把感情寄托在过去的环境上，那你就无法走出心理丧失感，这样的人，有谁会喜欢？其实，时间长了，你就会发现，中职学校里的新同学一样可爱。当你有了新朋友时，就会有人分享你的快乐和烦恼，你也就有了更多的进步动力。不管你愿不愿意，人都是要长大的。长大意味着什么？意味着你将要面对更多的变化，意味着你要不断地去适应新的、更加复杂的环境。

面对新的环境，我们不能够逃避，只能学会“接受”。那么，我们怎样才能尽快地适应新的环境呢？首先是要正确认识自己所处的环境，人在一生当中，会遇到无数次环境的变化，甚至是较频繁的变化、差异较大的变化。或因学习工作，或因家居变迁等，人不可能一辈子只待在一个地方不动。而新的环境又迫使人们去了解、认识自己所生活的世界，并充分调动内在的机能来适应新环境，同时积极改善自己所处的环境。

对于中职学生来说，进入一个新的学校学习时，因缺少心理准备，对新环境的不了解，而感到有所不适应，这是一种正常现象。这种不适的体验是多方面的，如有的人只身一人闯入一个新环境，所遇到的并不是过去“老朋友”的相聚欢庆，而是举目无亲的酸楚，因此造成内心寂寞、压抑、失落。这种感受是由于人们对新的人际关系的不适应而造成的。这是每一位走进新环境的人内心都会有的感受，对于即将走向成年的中职学生来说产生心理上的不适并不可怕。只要他们理智地认识到不适的原因，调节自己的心态，就一定会排除心理障碍，愉快地开始新的学习生活。中职学生要在新的集体中，增强对新集体的亲和性，促进彼此相互了解，学会和他人友好相处，善待他人。当别的同学需要帮助时，伸出我们的双手，多多体贴他人，关心别人。这样，在我们付出的同时，会得到卸任的一份关爱。这样你在一个新的集体终究不会感到寂寞、孤独。

一、积极调整心态，适应新环境

一个人随着环境的变化，必然会产生心理状态的变化，可见环境的变化是心态变化的诱因。要较好的适应环境，必须调整自己的心态。

许多中职学生认为中考落榜，上中职学校是人生一大“失败”（无奈之下，上了中职学校），所以入学之初就带有失落的情绪。看到有的同学上了普通高中，心理上产生了不平衡，认为自己是“不幸者”。但换个角度来看，不管是中职学生还是高中生，其实都是年龄相当的孩子，他们正处于“成年的前奏”。也许“挫折”让更多的中职学生更能体味到成长的滋味，那么到了成年，他们或许更容易扮演好成人角色。因此我们不应钻牛角尖，自己看不起自己，而应振作精神，愉快地踏上新的征程。更进一步来讲，当今这个开放的社会为个体的成长成才提供了非常广阔的空间，只要我们对自己的期待不变，只要我们持之以恒地努力，我们相信每个人最终都会在社会上找到属于自己的一席之地，从而实现自我人生的价值。

此外，如果能够积极探究和分析由初中到中职发生的一系列“变化”，会有助于全面认识环境和自己。因此，中职新生要明确中职学校不同于普通高中。普通教育重在基础知识，职业教育重在掌握技能，这是普通高中没有的优越性。而且，中职学生年轻有创造力、可塑性强，有创造潜能，目前社会上正缺少这类高素质的职业人才。因此，中职学生越来越多地受到许多用人单位的青睐，这也是我们的优势所在。在学历方面，中职教育与大专、本科教育也是紧密联系的，有深造想法的中职学生毕业之后可以通过成人教育或自考等途径继续学业。

因此，我们要积极调整心态，适应新环境。要积极与老师、同学交谈，让郁闷得到宣泄，实现情绪的释放。苦闷、烦恼时，要坦诚地向老师或同学倾吐，求得理解和帮助，珍惜在中职学校生活的三年青春时光。

中职学校培养的是“基础知识够用、专业技术熟练、精神风貌优良”的优秀专业技术人才。我们应当根据自身发展的优势，树立新的目标，夯实基础，发展特长，展示自我，为中职生活谱写下难忘的一页。

二、发现新环境的优势，结交新朋友

发现新环境的优势，可以使我们体验生活的快乐。刚到新的学校，生活上一定有很多不方便。和过去相比，会有很大的变化，再加上远离父母，远离家人，更觉得学校处处不如意。其实，任何一个地方，都有它的特别之处。这个时候，我们应着重于发现新的环境的优点，比如新的微机房、漂亮的校舍、优雅的校园环境，同学们的热情和老师的关心等等。只要我们用心发现，就会有快乐。

另外，尽量多与老师和同学接触，结识新的朋友。建立良好的宿舍关系、同学关系、同乡关系，学会用宽容的态度对人，用欣赏的眼光看人。从师生关系看，中职学校相对于初中来说，师生关系将变得有点离散，因此，到了新的环境中，迫切需要主动与新老师相识、建立一种相对稳定的师生关系，从中找到“新的依赖”，积极投入学习。从同学关系看，在新生的人际关系中，问题最多的还是同学之间的关系。由于班级和宿舍里的同学分别来自不同的地域和不同的家庭，大家在思想观念、价值标准、生活方式、生活习惯等方面都存在着明显的差异，在遇到实际问题的时候往往容易发生冲突。这就要求我们学会求同存异，尊重每个人的价值取向和生活习惯，为人上做到对人宽，对己严，切忌以我为中心。生活中做到三主动：即主动与同学打招呼、主动和同学沟通交流、主动帮助别人。

朋友是我们人生旅途上必不可少的伙伴，任何时候，任何地方，只要有朋友，即使再多的苦恼也会有人和你分担。因此，来到新的环境中就要尽快融入新的同学的圈子中去。一个人独来独往，对别的同学有太多的防范，这会失去本来属于你的友谊。只要我们用心去培养，只要我们充满爱心，就一定会有许多志同道合的好朋友来到你身旁。另外，到新的环境中，我们千万别忘了老朋友，有时间和以前中学同学聊聊天，会轻松许多。

三、制订计划，养成良好的学习习惯

中职学生的学习有自身的特点。学习上应试目的性相对减弱，知识性与技术性的密切结合，都是我们中职学生学习的新特点。但是，中职学生也可能存在一些学习热情不高、学习方法不当等问题，这种状况在刚入学一段时间内表现尤为突出，因此，消除学习心理上的障碍是我们在适应期内需要完成的一项重要任务。

中职教学与管理不同于初中，比如教学时间、授课方式、教学内容、培养目标等，都有不同于普通教育的地方。中职学生的学习是在老师的引导下自主学习，我们更多的需要是摆脱以前的定势思维模式，形成自己独特的学习习惯。在老师、同学、家长等共同的帮助下，敢于探索、敢于提问、敢于寻求答案。以“我要学”的姿态面对学习，掌握一套属于自己的学习方法，让自己在学习、意志、品质等方面实现一次飞跃。

中职和初中时的学习方法不一样，因此需要我们付出更多的努力。中职新生要尽快制定一个计划，将自己的注意力转移到学习上来。这个计划既包括长期计划，也包括近期计划。比如说制订一个一年计划、学期计划、月计划、周计划和一天计划，把应该做的事一一列出。只有做到计划周密、目标明确，才能安下心来认真的学习。我们也可以找一个和自己学习程度相近的同学共同制订计划，这样还可以起到相互监督、相互鼓励的作用。

严格要求自己，养成良好的学习习惯。无论听课、自习、复习、作业、实训，都要按老师的要求认真地完成。要学会主动提问、及时反馈，对不懂得、不适应的、甚至不满意的，都要常向老师请教并虚心与同学交流，以取得老师和同学的帮助。要掌握适合自己的方法，比如总结过去的学习经验和教训，看哪些方法对自己有效，也可以比较自己各科的学习情况，思考一下为什么某门学科学得好，某门学科却不行，从中找出原因，逐渐养成善于总结、扬长避短、及时思考和自我调控的习惯。

中职学生要积极调整自己的学习方式，学习中由初中的理解、掌握知识，向职校要求的实际运用转化看齐，在实践中力争做到熟练的运用所学知识。学习知识和技能当中，明“理”是一方面，“实用”、“会用”、“熟练”是更重要的一面，这是掌握技能的关键。

因此，中职新生在进入学校后，除了尽快适应新环境下的生活外，还应该树立起专业和职业意识，掌握专业技能本领，努力转换角色，做好“职业人”的准备。

四、积极参加学校和班级的各项活动

任何人的生存都离不开环境，人既是环境的产物又是环境的创造者。职校学习生活是丰富多彩的，学校和班级都会举行各种各样的活动，希望我们每一位同学都能积极参加。这样，不仅可以增加和大家交流的机会，也能增进同学们对自己的好感，还有助于中职学生在新的环境中找到自我定位，体现自身价值。此外，大家在一起时会忘记许多烦恼，很容易结成友谊。不管怎样的活动，对大家来说，都是一次很好的锻炼机会。我们相信，只要我们每一位同学都以良好的心态去营造一个宜人的环境，大家就一定会从丰富多彩的活动中收获快乐和知识，从而拥有幸福靓丽的人生。

五、正确对待生活中的挫折

同学们都期望得到外界的认可，被人信任是促进我们发展的助推器。我们要自我发现，要感悟点滴的进步，要相信“我能行”，要在成功、进步中悦纳自我。温室里的鲜花是经不起风吹雨打的。奥斯特洛夫斯基说：“人的生命如洪水奔流，不遇到岛屿和暗礁，就难以激起美丽的浪花。”让我们体味生活的辛酸苦辣，体验人生的艰难坎坷，感悟“花开花落”、“月圆月缺”，体验人生存在的缺憾，培养积极的人生态度。

自我赏识和挫折训练并不矛盾，赏识和鼓励催人奋进，批评和挫折炼就意志，二者有机地结合起来，才有利于我们健康成长。如果希望成功，当以恒心为良心，以经验为参谋，以信心为兄弟，以希望为哨兵，从失败中寻求教训。遇到表扬或批评时，要自觉和自醒，遇到诱惑时要自控，要使自己保持开朗和喜悦的心境。这样，我们相信，通向成功的道路一定不会遥远。

总之，我们要尽快适应新环境，关心和热爱班集体，团结同学，与大家建立真诚的友谊；要力争建立融洽的师生关系，所谓“亲其师、信其道”，与老师之间良好而积极的互动也必将对我们的中职学生活大有裨益。此外，还要学会理解、热爱和尊重父母，要多和父母交流、沟通，慢慢让他们理解我们学习、生活中的困扰和需要。可能我们会在逐渐长大的过程中，渐渐变得对父母不满意，对他们所给予我们爱的方式变得挑剔，但是，不管我们如何变化，不变的是我们与父母之间的情感联结，父母的爱将永远是我们健康成长的大本营。

第三章　自我意识与人格

“人是什么？”这是一个古老而又永恒的命题，也是每一个人毕生都在不断探索又总在获得不同答案的问题。斯芬克斯最为得意的一个谜语是:“在早晨用四只脚走路，中午用两只脚走路，晚间用三只脚走路，在一切生物中这是唯一的用不同数目的脚走路的生物。脚最多的时候，正是速度和力量最小的时候。”这个谜语曾经难倒了很多人，最后由年轻人俄狄浦斯一语中的，谜底正是“人”。因为在生命的早晨，人是软弱无助的孩子，他用两脚两手爬行；在生命的当午，他成为壮年，用两脚走路；但到了老年，临到生命的迟暮，他需要扶持，因此拄着拐杖，作为第三只脚。

斯芬克斯之谜，与写在太阳神阿波罗神殿上的箴言“认识你自己”，以及我们熟知的俗语“人贵有自知之明”，都有异曲同工之妙。它们都表明人类在认识自然的同时，也有认识人类自身的内在要求。从某种意义上讲，个体认为自己是怎样一个人，比他实际上是怎样一个人更为重要，因为每个人都是按照他自己认为是怎样一个人而行动的。一个人只有对自己各方面都有比较全面、客观的了解后，才能在与环境的互动中逐渐形成成熟、稳定的人格特征，并最终在个体发展上获得较满意的结果。

中职学生正处于自我和人格发展的关键时期，努力培养自己以形成积极的自我意识和成熟的人格，无疑是促进自身心理健康的非常重要而有效的途径之一。

第一节　什么是自我意识与人格

一、自我意识的含义和结构

（一）自我意识的含义

对自我的意识是人类所有意识中最核心的部分，是自己能感知到的所有与自己有关的信息的总和，其内容范围包括自己的生理状况（生理自我）、心理特征（心理自我）及自己与他人的关系（社会自我）。

（二）自我意识的结构

1. 自我认知

认识自己不是一个简单的问题。自我认知是主观自我对客观自我的认知与评价，包括自我感觉、自我观察、自我印象、自我分析、自我评价等。自我认知回答的问题是："我是谁？""我是个什么样的人"。大量的相关研究发现：对自我认识不清晰、不全面，自知力不强，易导致误判自我，或自负、或自卑，从而导致诸多心理问题或人格障碍。正确的自我认知，对人们的心理会产生重大影响。

2. 自我体验

自我体验是主观自我对客观自我产生的情绪体验，其主要回答的问题是："我是否喜欢自己"，"我是否满意自己吗"等。可见，自我体验是在自我认知基础之上产生的对自我的感受。特定的自我认知决定了个体对自己产生何种体验，而自我体验反过来又强化着之前的某种自我认知。

自我体验的内容十分丰富，包括自尊心、自信心、义务感、责任感、优越感、荣誉感、羞耻感等。特别是自尊心、自信心对人的影响很大。有自尊心的人，总是不甘落后，力争上游，具有不达目的不罢休的好胜心，是一种动力。自信心同样是人们成长与成才不可缺少的重要心理品质。如果一个人总是很自卑，看不到自己的力量，久而久之会形成一种固定的心理定势，犹如戴上了一副“灰色的眼镜”，这将给他的学习、生活的各方面都带来不良的影响；相反，如果一个人对自己充满自信，坚信通过自己不断的努力必然能获得一定程度的成功，那么他自然就会向着积极的方向去奋斗。

因此，可以说自我体验对个体成长具有不可替代的重要作用，由自我体验所驱使的动力，有时远远超过理性层面的认知改变所能起到的推动作用。

3. 自我控制

自我控制是自我意识的意志成分，是对自己思想和行为的控制，以达到自我期望的目标。具体来讲，自我控制对个体的作用体现于两个方面：发动和制止。如几点钟起床，不随地吐痰，前者是发动一个特定的行为，后者则是制止一种与自我认知及自我体验不相符合的行为。

自我控制对个体的学习和生活具有推动作用，使个体为了获得优秀成绩、社会赞誉以及达到自己的目标而作出不懈的努力。包括自我激励、自我暗示等，核心内容是“我将如何规划自己的人生”、“我应该做什么”、“我应该成为什么样的人”、“我可以选择如何做”等。

控制是自我意识的关键环节，“知”与“行”之间有很长的路，中职学生常常“心动而不行动”，事实上心动是一件容易的事，而真正历练意志则需要更多的自我控制。我们不妨打一个比方：早晨起床应当是一件最简单不过的事，但对懒惰者而言，也是需要意志的。特别是在寒冷冬天的早晨，想想被窝里的温暖，再面对起床的痛苦，都要进行一番相当的斗争。不过，当意志慢慢成为一种习惯时，自我控制便转变为“自动化”了。一般来讲，成功的人都有较高水平的自我控制并已达到一种习惯化的状态。

二、什么是人格及成熟人格六要素

人，需要在各种各样的社会环境中寻求生存、适应和发展。同学间、朋友间、恋人间、师生间、亲子间，甚至是与近邻、与路人间的互动，由于对象和场合的不同，要求我们采取的应对方式也都不尽相同。除了要具备很好的理解力、领悟力和应变力之外，没有成熟的人格是很难适应这些变化多端的复杂环境的。

（一）人格的特征

“人格”一词，源于古希腊语，即舞台上演员戴的“面具”，不同的面具体现了不同角色的特点和任务。在我国的国粹京剧中也是同理——红脸代表忠义，白脸代表奸诈，黑脸代表刚强。心理学在沿用“面具”这一特征时，包含了两层意思：一是在生活中像角色一样表演出的种种行为，第二层是在这个面具下所隐藏的真实自我。

从心理学概念上讲，人格亦称个性，它反映了一个人总的心理面貌，是相对稳定、具有独特倾向性的心理特征的总和，它是在长期的社会生活实践中形成、发展起来的。它和一个人的素质、情绪、行动倾向、行为模式、习性、态度等都有着不可分割的关系。

人格的特征主要有以下四个方面：

1．独特性

个体的人格是在遗传、成熟、环境、教育等先、后天环境交互作用下形成的。不同的遗传、存在及教育环境，形成了各自独特的心理特点，我们经常所说的“人心不同，各如其面”就是指的这个意思。如有的人开放自然、有的人顽固自守，有的人沉默寡言、有的人善于沟通，有的人坦率豪爽，有的人谨小慎微……

总之，环境会使某一人格品质在不同人身上表现出不同的含义。如独立性这一人格特质，对于在缺乏父母爱护的家庭中成长的孩子来讲，独立带有靠自己努力的含义，而在一个民主型家庭成长的孩子，独立则作为健全人格培养的重要部分。

2．稳定性

人格的稳定性是指那些经常表现出来的特点，是一贯的行为方式的总和。正如我们所说：“江山易改，本性难移。”一个人的某种人格特质一旦稳定下来，要改变是较为困难的事，这种稳定性还表现在人格特征在不同时空下的一致性。例如一个性格外向的中职学生，他不仅仅在家庭中非常活跃，在班级活动中也会表现出积极主动的一面；不仅在校期间如此，即使毕业若干年再相逢，这个特质也可能依旧不变。

3．统合性

人是极其复杂的，人的行为表现出多元性、多层次的特点。人格的组合千变万化并非死水一潭。各种人格结构的组合千变万化，因而使人格表现得色彩纷呈。在每个人的人格世界里，各种特征并非简单的堆积，而是如同宇宙世界一样，依据一定的内容、秩序与规则有机组合起来的动力系统。人格的有机结构具有内在一致性，受自我意识的调控。当一个人的人格结构的各方面彼此和谐一致时，人们就会呈现出健康的人格特征，否则就会出现各种心理冲突，导致“人格分裂”。

4．功能性

人格是一个人生活成败、喜怒哀乐的重要决定者。正如人们常说的“性格就是命运”，人格决定了一个人的生活方式，甚至有时会决定一个人的命运。人们常常使用人格特征解释某人的言行及事件的原因。面对挫折与失败，有志者认真总结经验教训，在失败的废墟上重建人生的辉煌；而怯懦的人则一蹶不振，失去了奋斗的目标。当人格功能发挥正常时，个体就会表现出健康并充满了热情与活力；而当人格功能失调时，个体则会表现出懦弱、无力、失控甚至出现病态的特征。

（二）成熟人格六要素

被称为“人格研究第一人”的哈佛教授奥尔波特（1897～1967 年），运用观察法研究了人格的成熟度问题，并在他的著作《人格形态与成长》中提出了成熟人格的六要素，作为“人格成熟的基准”，我们可以对照于此，作为自我完善的目标。

1. 自我意识（自我感觉）的扩大

人最初在婴儿时期时是只知道爱自己的，不久，自我意识开始扩大到母亲和亲近的照顾者身上。成人以后，我们则会对自己的衣物、财产，以及名誉、地位等都有“这些属于我”的意识。当自我意识从最原始的形态扩展到与包括物质自我、社会自我、心理自我和集体自我这几种不同层次、不同本质的领域时，便可视为成熟人格的表征之一。

2. 和他人的密切联系

由于自我意识的扩大，关注焦点可以慢慢从自身转移一部分到外界的人和事上来，我们也开始与周围的人之间建立亲密感及同感。当这个方面发展很顺利时，我们便不会随便在背后说人坏话、挑人毛病、发牢骚、嫉妒、讽刺等，也懂得如何尊重对方、宽容对方，处理与对方的差异性。我们不仅需要被爱，同时也渴望投入地去爱别人，在接受爱与付出爱之间能达成很好的平衡。

3. 情绪的安定（自我包容）

把自己的愤怒、恐惧、激情、性的冲动，都当作是一种“自我情绪”来处理。不盲目压抑，也不钻牛角尖，尽量以双赢的方式来解决与周围环境中的矛盾冲突，因此不会担心自己会无缘无故地患上恐惧症或强迫症等。而且，拥有安定情绪的个体在碰到挫折、欲求不满时也具有相当的耐力，不会乱发脾气、牢骚，也不会随便责怪他人、自怨自艾。他们懂得时时反省自己、等待时机，寻求解决问题的方法，具有延迟满足的特点。因此，他们既能避免情绪持续低落，又能克服情绪的焦躁不安。

当然，说一个人具有成熟的人格，并不等于说他凡事都随时能保持冷静、沉着。既然是人，就免不了有喜、怒、哀、乐等心情的转换，有时也会莫名其妙地忧郁。但他绝不会成为这些消极情绪的奴隶并在此推动下做出冲动性的行为，损害自己和他人的福祉。这种情绪的安定，是由内在的和谐感及自我控制感所造就的，因此他们对别人情绪的表达也不会感到有威胁感和逃避的冲动。

4. 对现实的知觉和问题解决的技能

具有成熟人格的个体能正确地认知现实，且具备解决问题的技能。虽然有高度智慧和职业技能的人不一定都是具有成熟人格的人，但智慧和技能却是成熟人格所不能欠缺的部分。一个欠缺做事能力，欠缺与外界现实打交道的个体，即使在其他点上合格，也不能说是具有成熟的人格。

另外，投入自己工作的能力，也和正确的认知、技能一样重要。所谓投入工作的能力，是指有某个课题的时候，那种忘我投入的工作热心感。

5. 对自我的客观认识——洞察和幽默

以自我为对象，客观地看待自己，也就是说要真正地了解自己、洞察自己。很多人认为了解自己是理所当然的，也是一件很简单的事情，但实际上真能称得上了解自己的人并不多。在很多情况下，我们并不能确切地知道自己之所以如此思考、如此感受和如此行动的真正缘由。

除了洞察自己之外，还要有幽默的感觉。真正的幽默，是保持某种距离凝视自己，发自内心地接纳理想的自己和目前现实的自己间的差距，并能自我安慰，寻找快乐和轻松的感觉。真正的幽默和嘲笑、攻击性的调侃等不同，幼儿和不成熟的人也许会感觉到别人的滑稽可笑，却不具备笑自己的能力，失败的时候，往往也无法一笑置之，相反容易视之为苦痛的遭遇。

其实，人生就像一场戏，能够客观地凝视自己所扮演的角色，同时以幽默的态度面对生命中的起起落落，才是成熟人格的表现。

6. 统一的人生哲学

把自己的人生当作有意义的东西，具有统一人生各种活动与追求的人生哲学。这里所说的哲学，并不是指专门性的理论学说，而是个人的生活信条、生活价值观、个人所独特的世界观和生活目标。

具有统一的人生哲学的个体能清楚地知道什么是自己人生最高的价值，并了解应该以哪种方式来生活，他们对于自己的人生有较为仔细的规划，对于达到目标也制订了相应的方针、计划。

三、影响自我和人格发展的因素

自我意识和人格的产生并非与生俱来，而是个体在后天生理和心理能力发展到一定成熟程度的基础上逐渐发生和发展起来的，也是在个体与社会环境长期相互作用的动态过程中形成和发展的。因此，许多社会心理因素都对这个过程产生重要的影响。

（一）家庭环境

家庭是我们最早接触的社会环境，在我们自我意识形成和人格发展的过程中起着关键性的作用。一般而言，家庭环境是指家庭的物质生活条件、社会地位、家庭成员之间的关系及家庭成员的语言、行为及感情的总和。

父母本身对婚姻和生活的满意度，他们的教育理念和方针、对待孩子的态度和方式，无不与孩子的自我概念和人格形成显著相关。如父母对孩子持积极关注的态度，给予温情和爱的支持，评价或批评时对事而不对人，则可以在很大程度上提高孩子的自信心，有利于孩子人格更好发展。港台学者卢钦铭、陈李绸、张春兴等也发现，学生越是感觉父母用关怀、奖励、宽容、赞赏、爱护、温暖和高期望的态度来管教他们时，他们的自我意识就越积极，人格发展也更为完善。

不过值得注意的一点是，子女心中感知到的家庭环境和父母的教养方式，比它们实际上是什么样的对孩子的影响更大。因此，若是父母能根据孩子认为是爱与支持的方式来给予，能经常与孩子交流、沟通，则能在一定程度上扩展家庭环境对孩子自我意识和人格成熟的积极影响。

（二）学校环境

学校是除家庭以外的主要生活环境之一，每个人人格形成和自我意识发展的黄金时期大多是在学校里度过的。其中，老师和同辈群体都会对此产生重要的影响。

有研究发现，老师对待学生的态度与方式、师生关系和学生学业成绩对学生自我意识的形成与发展有正向的预测作用。此外，学校是一个人际互动的重要场所，尤其对于青少年来说，他们会依据同伴的看法和反应反观自己，重新定义自己、评价自己。同时也会在和同学的交往中通过不同的角色扮演来促成更高的自我意识发展，使自己更加适应社会环境。另外，学校学习生活中的"榜样"作用也是不容忽视的。"榜样"也可以说就是参照群体，一般而言，青少年常常根据参照群体的价值取向定义自己，形成自我观念；将参照群体的价值取向理解为一种期望，约束自己的思想、行为，融入自己的意识之中，与参照群体比较以进行定位。因此，青少年在学校生活中选择什么样的人作为自己的"榜样"对于其自我意识的发展和变化至关重要。社会心理学家谢里夫也指出，可以把参照群体的规范看作个体的社会目标、自我评价、社会评价乃至世界观形成的基准线。

（三）社会文化环境

社会文化在个体社会化的进程中扮演着重要的角色，也必然与自我意识和人格的形成及发展密不可分。政治、经济、国家的宣传体系、宗教团体、风俗禁忌、习惯传统以及生产力发展水平等都在日常生活中潜移默化地渗透到人们的自我意识中。

在同一文化背景下生活的人们，总是具有一些共同的自我意识成分。这在跨文化研究中有明显的例证。例如，美国的儿童更为积极、主动、进取，敢于向环境中的问题挑战；而墨西哥儿童更为被动、驯良、忠顺，忍受环境压力而不去改变它们。

四、人格发展与自我意识的关系

人格的形成和发展，虽然受着遗传和环境两方面的作用，但是在这两种因素的相互作用中，人不是被动的。人是万物之灵，人与动物的重要区别之一就在于人有意识，人不仅能够驾驭外界环境，而且还能驾驭自我本身，驾驭自我与外界的关系。人总是不断地在进行着自我评价和自我调节，以求人格的自我完善和理想自我的实现。在一定意义上，可以说每个人都在塑造着自己的人格，每个人都在书写着自己的历史。因此，自我意识作为一个人的自我认识调控系统，在人格的形成和发展中起着积极的、主导的作用。

首先，当一个人对自己人格的发展是否具有远大的目标和严格的要求，是消极地接受环境的影响还是主动地塑造和发展自己，都对人格起制约作用。

其次，当一个人确立了人格发展的目标之后，他能否对这个目标的实现采取积极的态度和方式，能否对自己人格的发展经常进行自我监督、自我反省、自我强化、自我批评，将决定着人格发展目标能否实现。

总而言之，在人格发展的过程中，自我意识起着极其重要的调节作用，自我意识调节着遗传和环境因素对人格的影响，也是导致人格差异的重要原因。在此意义上我们可以说，人的人格不仅是社会环境的产物，同时也是自己塑造的产物。

第二节　培养积极的自我意识

自我意识是一个复杂的、多维度的、多层次的心理系统，是意识发展的高级阶段，因此它既有特定的发展历程，又有丰富的内容，还有多种表现形式。

中职阶段正是一个人从青春期向成年期过度的重要时期，也是人的自我意识发展的关键期。对处于成长期的中职学生而言，如何拥有全面而积极的自我意识，无疑是一道至关重要的人生方程式，也是一本需要悉心学习、钻研的人生教科书。

因此，从了解自我意识的内涵、结构、特征入手，学会调节自我意识所出现的偏差，从而客观地认识自我，正确地评价自我，积极地悦纳自我，有效地控制自我，科学地发展自我，不断超越自我，树立起一个充满自信心与独立性的健康的自我。这对于每个中职学生来讲都是非常重要的。

一、中职学生自我意识的分化与矛盾冲突

自我意识是主客观因素相互作用的结果，人首先是对外部世界、对他人的认识，然后才逐步认识自己，这个过程在我们的一生中都持续进行着。因此，探讨自我意识的分化与矛盾冲突，有利于促进中职学生自我意识的健全发展。

中职学生自我意识的发展是从明显的自我分化开始的。原来完整笼统的我被打破了，出现两个我：主观的我（I）和客观的我（me），即每个人既是观察者又是被观察者。这就使得中职学生开始主动地关注自己的内心世界，从而对自己产生了新的认识和体验，但与此同时也带来了激动、喜悦、不安和焦虑。于是，中职学生自我沉思和反省的需要日渐增多，伴随而来的是渴望有属于自己的一片空间和世界，渴望被理解、被关怀、被支持。

此外，随着主我和客我的分化进程，“理想自我”与“现实自我”也开始分化。我们每个人都为自己设计了一个“理想自我”，以区别与目前的状况。“理想自我”有时会对“现实自我”起到积极的促进作用，可有时也会成为导致困扰、冲突和压力的源泉。

归纳起来，中职学生自我意识的矛盾主要表现在以下四个方面：

（一）成就期望与现实失望的落差

每个人都会有自己的远大理想和抱负，并对理想的实现充满自信和强烈的成就欲，即设计一个“理想自我”的形象。然而，对于中职学生来讲，现实自我的能力、知识、经验与理想

自我的实现尚有相当的差距。

面对"理想自我"与"现实自我"的落差，中职学生有可能选择积极进取使"现实自我"向"理想自我"趋近的道路，也可能自认"志大才疏"而放弃"理想自我"。事实上，我们需要理解的一点是，对于任何一个尚未到达人生终点的个体，尤其是对于还有相当大的成长和发展空间的青年人来讲，"理想自我"与"现实自我"总是存在着一定差距的，这是非常正常的现象。也恰恰是这两者间的落差，才一直激励着我们奋发图强、积极向上，向着梦中的方向不断前行。

但是，若"现实自我"距离"理想自我"太过遥远，个体就容易在付出的努力却总得不到满意的回报时，产生挫折感、无助感，甚至是无所事事、自暴自弃。这种情况下，个体需要重新审视"理想自我"，看看是否超过了自己的能力和经验所及，或暂时降低，或将其划分为一个个更小、更短期的目标，循序渐进以到达最终的"理想自我"。

（二）强烈的独立意识与难以摆脱的依附心理的冲突

考上中职学校以后，同学们常常并没有满足并停留于自己迈出的独立人生的第一步——从家庭、父母的管教和约束下挣脱出来。"理想自我"为我们呈现了一个经济、学习、生活乃至心理上完全独立的蓝图，这就是独立意识。

但对中职学生来说，对学校、家庭、父母、教师、同学的依附心理又是无法完全摆脱的。在经济上，中职学生几乎完全依赖于父母的供给或学校的资助；在心理上，由于社会经验的缺乏，能力的限制，更无法摆脱对老师、学校、成人和同学的依附；而对复杂的生活环境和人事关系的决策和应变，也离不开同学、朋友、老师、父母的帮助。因此，中职学生常常怀揣着对独立的追求与渴望，却又在无奈和依附的旋涡中徘徊。

（三）交往需要与自我封闭的矛盾

没有哪个时期比青少年时期更加渴望友情与爱情的滋养，更加渴望同辈群体的认同与归属感。在这个时期，每个人都渴望着爱与友谊，渴望着交往与分享，渴望着自我价值得到实现，渴望着探讨人生的真谛，寻找人生的知己，希望成为群体中受尊敬与欢迎的人。

另一方面，中职学生的这种自我表露又受着自我封闭的影响，总是不经意地将自己的心灵深藏起来，与同学有意无意保持着一定的距离，存在着戒备心理，不能完全敞开心扉交流与沟通思想，感到没有人理解自己，缺乏知音。这种盼望有个好人缘的“理想自我”与社交恐惧（现实自我）的冲突常常使自己无所适从，饱受孤独感的煎熬。

（四）自尊心与自卑感的冲突

很多中职学生在中学期间并不是同辈群体中的佼佼者。对此，在社会认同及个人的优越感方面，中职学生可能存在一些不足，并可能由此产生自卑感。在这种情况下，有的中职学生对自我的认识与评价会走向一个极端，即全盘怀疑、否定自己。比如，当遭遇失败与挫折时，有时甚至是小小的失利如考试失败，他们便开始怀疑自己的能力，进而产生自我否定、自我怀疑甚至自暴自弃，陷入强烈的自卑之中。

但另一方面，中职学生所处年龄阶段的特点之一是他们对自尊有着强烈的需求，他们渴望成功、不甘落后，却又常常以自负的方式来掩饰自己内心的脆弱。事实上，这些方式都与中职学生自我认知不良、自我定位不准确有关。自我意识良好的核心是自知与自爱，能了解自己的实际情况，意识到自己的优点和弱点，并且容忍并认可它们，这样才是真正的和谐与成熟。

二、培养健康自我意识的方法

（一）树立正确的自我观

首先，应正确地认知自我。只有正确认识自己，才能宽容地对待自己的过去，恰当地确立自我发展的方向，实实在在地把握现在；才能在社会情境中找到自己恰当的位置，才能理解他人，尊重他人，和谐相处，被社会所接纳。

其次，要多角度地评价自我。通过自我评价和听取他人对自己的评价，来正确认识自己。我们不妨自己认真仔细地想一想，用尽量多的形容词描述自己，要忠实于自己的内心。在此基础上，进行第二步，他观自我的描述，描述父母眼中的我、同学眼中的我、老师眼中的我、恋人眼中的我、兄弟姐妹眼中的我，你再寻找这些描述中共同的品质，将其归类。你描述的维度越多，你越会找到比较正确的自我。

最后，经常的自我反省也是必要的。曾子说“吾日三省吾身”，这就是一种自我监督活动。没有自我反省，自我完善也就无从实现。通过反省、分析自己成功或失败的原因，对自己作一分为二的分析，从而正确地定位自我，提高自我认识，并将其作为自我调控的出发点。

（二）积极地悦纳自我

自我悦纳是对自己的本来面目持肯定、认可的态度，是自我意识健康发展的关键所在。一个人只有欣然地接受自我，才能有信心去面对真实的我，自尊、自爱，珍惜自己的人格和名誉，注重自我修养，使自己发展到一个较高境界。

悦纳自我首先要接纳自己，喜欢自己，欣赏自己，看到自己身上的闪光点，潜藏着大量待挖掘的能量，具有存在的价值。天生我才必有用，因而不必苛求自己做个十全十美的人。体会自我的独特性，在此基础上体验价值感、幸福感、愉快感与满足感。同时，还要全面看待自己的优缺点。每个人都既有长处又有弱点，接纳自己的不完美，树立正确的认知观念，人不能十全十美，每个人都有优缺点。人既不会事事行，也不会事事不行，只要善于克服自己的缺点，扬长避短，定能充分发挥自身潜力，施展自身抱负。

（三）有效地控制自我

有效的控制自我是健全自我意识完善的根本途径，中职学生要控制自我，就要培养顽强的意志力。很多人为自己树立了远大的目标和理想，但在努力的过程中，没有足够的自制能力和意志，经受不住挫折和打击，无法实现自我理想。比如经常说："我想早起，可就是没有恒心"，"我想学习，可就是学不进去" 等等。培养顽强的意志，发展坚持性和自制力，增强挫折耐受力，使自己能自觉主动地认清目标，为实现目标而努力排除干扰、克服困难。

（四）重塑自我、不断地超越自我

认识自我，接纳自我，都是为了塑造自我，超越自我。对于中职学生而言，超越自我更是终生努力的目标。在行动上，无论对人对事，均全力以赴，使自己的能力品行得到最大限度的发挥。超越是一种境界，更是一种过程，一种"新我、独特的我、最好的我"的形成过程，这个过程并不总是一帆风顺的，而是需要付出艰辛的努力。

有句话这样说道，这个世界上，你是独一无二的一个，生下来你是什么，这是上帝给你的礼物，你将成为什么，这是你给上帝的礼物。上帝给你的礼物我们无法选择，但你给上帝的礼物，将由你个人去创造，主动权在你自己。那就是：认识自我、悦纳自我、激励自我、控制自我、完善自我、超越自我。

因此，每一位中职学生都需要具有主动成长的意识，积极参加各种社会实践活动，努力提高自己的挫折耐受力和各方面素质，逐步完善和发展自我。

第三节　塑造健全的人格

一位老教授昔日培养的三个得意门生事业有成：一个在官场上春风得意，一个在商场上捷报频传，一个埋头做学问如今也苦尽甘来，成了学术明星。于是有人问老教授：你以为三人中哪个会更有出息？老教授说：现在还看不出来。人生的较量有三个层次，最低层次是技巧的较量，其次是智慧的较量，他们现在正处于这一层次，而最高层次的较量则是人格的较量。

这个故事生动地向我们说明，在人的素质结构中，人格起着近乎决定性的作用。

一、了解人格与心理健康的关系，重视健全人格的塑造

（一）中职学生的气质与心理健康的关系

气质是指人与生俱来的心理活动的动力特征，是情绪和活动发生的速度、强度、持久性、灵活性和指向性等动力方面特点的综合。在日常生活中我们会看到，有的人活泼好动，反应灵活；有的人安静稳重，反应缓慢；有的总是显得十分急躁，情绪明显表露于外；有的则总是不动声色，情绪体验细腻深刻。人与人在这些心理特征方面的差异正是个体所具有的气质不同的缘故。按照西方“医学之父”古希腊著名医生希波克拉底的体液说，人可以相应地分为四种气质类型：即胆汁质、多血质、黏液质和抑郁质。

气质在个体心理中是最稳定、变化最少也最慢的一种心理特征。气质本身无好坏之分，每一种气质都有它积极的一面，也有它消极的一面。但不同气质类型对人的心理与行为有着不同的影响。如胆汁质的人常同他人发生一些感情的冲撞。比如开始谈话时，根本没有想到要吵架，但也许是什么事情触犯了他（对别人来说可能是小事一桩），于是他突然之间怒不可遏。如果谈话对方是神经系统微弱型（抑郁质）的人，他将长期陷入委屈之中，导致孤僻古怪、谨小慎微，甚至会给人冷若冰霜的感觉，说话也会语中带刺。黏液质的人常常很难同胆汁质的人在一起生活。胆汁质的人坐立不安，容易冲动，手忙脚乱；黏液质的人则慢慢腾腾，四平八稳；而抑郁质的人又过分敏感，对这些胆汁质的人也难以忍受。了解到自己和他人的气质特征，无论对自身的心理健康还是对人际交往都有着重要的意义。

（二）中职学生的性格与心理健康的关系

性格是一个人对现实的态度和习惯化了的行为方式所表现出来的较稳定的心理特征。是人的个性心理特征的重要方面，人的个性差异首先表现在性格上。一个人能否在人际交往中做到“游刃有余”、“得心应手”，与他的性格有很大关系。当代中职学生只有全面地了解自己与他人的性格，并在交往实践中不断优化自己的性格，才能更好地处理自己与他人的人际关系。

每个人的性格都反映了他对现实的态度和习惯了的行为方式。当代的中职学生（特别是独生子女）有不少是家庭的“宠儿”，在人生的道路上还没有经历过大的起伏和挫折，因此，许多人自命清高、眼里容不下他人；遇到困难意志薄弱，爱感情用事；对人和事爱斤斤计较，心胸狭隘。这些不良的性格特征不仅容易造成人际交往的障碍，而且还会影响到自身的身心健康。此外，好的性格品质也要把握好“度”，一旦表现过度或与环境不协调，也容易引起不好的结果。比如，过于直率而不顾场合和对象，就可能伤害到对方，引起反感。

二、改善人格缺陷，完善健全人格

在这里，首先要明确一点——人格缺陷不是人格障碍。人格障碍是针对那些有心理疾病的人而言，而人格缺陷是绝大多数人或多或少都会有的。中职学生心理发育还没有完全成熟，人格出现一些偏差也在所难免。有些同学自认为自己的人格是正常的，可走入社会后却发现矛盾重重。因此，让中职学生充分了解自身个性，找出缺陷并进行调适，有助于今后更加适应社会。

（一）自我中心及其克服方法

小宋是一名中职二年级学生。从入学以来，他都觉得周围的人都不喜欢他，都对他不满。两年来，他几乎没有朋友，同学也鲜有来往，他很孤独，但从内心来讲他却很想交朋友。小宋抱怨说现在的中职学生思想特别不成熟，行为举止幼稚，特别是自己身边的同学，俨然就是初中生的生活状态，这让他非常看不惯。有次上完某老师的课，室友回来纷纷抱怨该老师照本宣科，课堂枯燥无味，以后有机会就旷课，小宋打断大家，说“学习靠自己，你们这样是给自己懒惰找借口。”当时寝室空气都凝固了。去食堂打饭，小宋看见炒的蔬菜色泽不好，大声嚷嚷“这菜喂猪差不多”，刚巧同班两位女同学正在打这种菜，她俩回过头狠狠地丢下两个白眼。全班去郊游，班委提前商量方案，大家想去风景区，可小宋认为那个季节风景区确实没有风景，据理力争要把活动安排在附近儿童福利院，结果讨论会不欢而散，郊游还是去了风景区，大家却没有通知小宋。小宋一再表明，他说的都是真话，大实话，为什么现在的人不能理解呢？他还说，如果坚持真理就注定孤独的话，他要坚持下去，走自己的路让别人说去吧。

乍一看，觉得小宋确实挺委屈，但仔细分析就会发现小宋的主要问题是习惯化地以自我为中心来思考和看待问题。有这种缺陷的学生其为人处世都以自己的兴趣和需要为中心，只关心自己的想法和感受，不考虑他人的感受，完全从自己的角度、自己的经验去认识和解决问题，缺乏换位思考，似乎自己的看法就一定也要成为他人认可的看法。

克服自我中心要注意以下三点：

（1）克服自我中心的关键是换个立场看问题，学会换位思考，可借助心理咨询中的空椅子法和角色扮演法来尝试从别人的角度思考。

（2）坦然接受批评和建议，容许有不同意见，人际交往宝典中那句经典“也许我和对方都是对的，只是看问题的角度不同而已”常记在心，从而改变自以为是、固执己见的心理。

（3）学会一些人际交往的技巧，如倾听，自我中心的人往往在倾听之前就已经关闭了耳朵，只听得见自己的声音，真正会倾听的人不仅用耳朵在听，更是用眼睛用心灵在听，不仅能听懂语言所包含的意思，也能听懂弦外之音。总之，要克服自我中心的交往障碍，既要使自己融入集体中，又能在集体中保持自己独立的个性。

（二）自卑心理及其改善

自卑心理也是中职学生中的常见问题，其实质是一种消极的自我评价或自我意识。一个自卑的人往往过低评价自己的形象、能力和品质，总是拿自己的弱点和别人的强处比较，觉得自己事事不如人，在人前自惭形秽，从而丧失自信，悲观失望。

克服自卑应从认识上、情绪上、行为上同时入手。可以从以下五个方面超越自卑：

（1）相信自己。从认识上讲，自卑来自于社会比较，如果能客观全面地评价自己，发现自身的优势和闪光点，必将是克服自卑心理的最好方法。

（2）欣赏自我。把最满意的照片选出来，并悬挂。不可忽视端正的外表，衣冠不整的人想要建立自信现实是不可能的，就像整天愁眉苦脸的人想要心情愉快也很难一样。注意外表形象将帮助你看重自己。

（3）建立乐观的生活态度。积极使你的力量与自我形象相吻合，培养积极乐观的生活态度，是建立自信的基础。

（4）敢于面对错误与挫折。

（5）经常使用自我鼓励与自我暗示。“我能行，我一定能行”，“我很放松，我能做好”，“再加把劲儿，离目标不远了”，“我感觉不错”。

（三）嫉妒心理及其转化

这是一篇中职学生的日记：

“我觉得自己的灵魂在被恶魔吞噬，我一步步在走向罪恶，我真怕自己从此错下去，但是我真的不知道怎样走出来，一切都因为陈萍，我的同班同学。以前我俩也算是形影不离的好朋友，是大家共同关注的焦点。我不知道她使了什么法，大家似乎更喜欢她，一些对我冷淡的同学对她亲密有加。她平时几乎和我在一起，一起上课，一起自习，一起逛街。从上学期起她就特别走运，春风得意，先是获得了奖学金，优秀学生干部，而且还主持晚会。她就像一位美丽的公主，上帝把所有的光环都罩在她身上，我呢，就是衬托她美丽的丑小鸭。我不愿意这样活。那天我和她同台在晚会上唱歌，趁她不备，我弄坏了她演出服的拉链，等着看她出丑，结果她临时用丝带套上，大家都夸她聪明，服装别具一格，我当时差点喷火。在寝室我接到找她去打工的电话，我假装她的声音，帮她推掉了，事后我被揭发了，陈萍哭着问我为什么这样做。我们彻底决裂了。看着她哭，我也很难受，可我就是看不惯她什么都走运。现在同学间对我的非议也不少。有时想想自己怎么变成这样了，自己到底做了些什么，越想越害怕，我是不是成了坏人了？我到底应该怎样做？”

吞噬这位同学灵魂的恶魔正是嫉妒，嫉妒会让人迷失方向，几近疯狂。巴尔扎克说：“嫉妒潜伺在人心底，如毒蛇潜在穴中，嫉妒者比任何不幸的人更为痛苦，别人的幸福和他自己的不幸都将使他痛苦万分。”从心理学的角度来看，嫉妒是担心别人超过自己而引起的抵触情绪。从这个定义可以看出，嫉妒确实会使我们产生与不舒服等类似的消极体验，但是嫉妒却不完全是一件坏事。如果我们能读懂嫉妒背后的深层信息，就能将这种消极的情绪转化为积极的力量。

（1）嫉妒可以告诉我们，自己在某方面有需要改进和成长的地方，可能是环境的变化，参照标准有了变化，有了更强的竞争对手，以前的优势已经不再，也可能是生活的领域被打开后，发现自己还有缺失的地方。例如以前不觉得有艺术特长有多好，但是在中职学校里文艺演出那些，发现不仅仅是学习好才能受到大家喜欢，因此就会在自己有某些不足而别人又很风光的地方产生嫉妒。

（2）嫉妒告诉我们，什么对于我们来讲是最重要，是最为看重的。因为我们不会嫉妒我们不在乎的领域里别人所取得的成就，比如有的学生不嫉妒运动选手，但是嫉妒英语流畅的同学。

（3）嫉妒是一种力量，只要程度恰当，反而可以激励我们不断完善，不断超越当前的自我。一点嫉妒都没有的人，反而是安于现状、故步自封。

（四）依赖型人格及其矫正

依赖性人格障碍的主要成因是由于童年早期的依赖需求没

有得到足够的满足，以至于使一个人的“心理哺乳期”不断延长，有的人甚至处于“终生心理哺乳”状态。所以依赖性的人常常被别人称之为“长不大”、“幼稚”等。

依赖性人格的最明显特征，就是对于别人情感和物质资源的饥渴。存在着依赖性人格障碍的人，以“吞噬”别人的情感、判断、决定为生。所以，他们的情感、自尊、自信是完全受制于人的，别人的情感和判断，决定着这些人的喜、怒、哀、乐。他们对于自己所依赖的人，抱着一种既感恩、又不满的矛盾态度。由于依赖性人格者的心理资源有限，所以只能一味地为自己着想，较难表现出对别人的感激和爱。

法国心理治疗师皮纳认为:“那些不做决断的人是在等别人替他们做决断。他们因此不用承担任何因选择失误而导致的责任。”有的人本来完全可以做决定的，但由于害怕承担责任而放弃了这一权利。因此，他们往往把决定权交给别人，好像在说:“你帮帮我吧，我倒乐得悠闲。”因此，对于依赖型人格障碍，通常可以采用自我矫正的方法。

（1）习惯纠正法。清查一下自己的行为中哪些是习惯性地依赖别人去做，哪些是自己作决定的。你可以每天做记录，记满一个星期，然后将这些事件按自主意识强、中等、较差分为三等，每周一小结。对自主意识强的事件，以后遇到同类情况应坚持自己做。例如某一天按自己的意愿穿鲜艳衣服上班，那么以后就坚持穿鲜艳衣服上班，而不要因为别人的闲话而放弃，直到自己不再喜欢穿这类衣服为止。这些事情虽然很小，但正是你改正不良习惯的突破口。

（2）重建自信法。如果只简单地破除了依赖的习惯，而不从根本上找原因，那么依赖行为也可能复发。重建自信法便是从根本上加以矫正。

首先，要消除童年不良印迹。依赖型的人缺乏自信，自我意识十分低下，这与童年期的不良教育在心中留下的自卑痕迹有关。你可以回忆童年时父母、长辈、朋友对自己说过的具有不良影响的话，例如：“你真笨，什么也不会做。”“瞧你笨手笨脚的、让我来帮你做。”等，你把这些话语仔细整理出来，然后一条一条加以认知重构，并将这些话语转告给你的朋友、亲人，让他们在你试着干一些事情时，不要用这些话语来指责你，而要热情地鼓励、帮助你。

其次，重建勇气。你可以选做一些略带冒险性的事，每周做一项，例如：独自一人到附近的风景点做短途旅行；独自一人去参加一项娱乐活动或一周规定一天“自主日”，这一天不论什么事情，决不依赖他人。通过做这些事情，可以增加你的勇气，改变你事事依赖他人的弱点。

同时，依赖行为并不是轻易可以消除的，一旦形成习惯，你会发现要自己决定每件事毕竟很难，可能会不知不觉地回到老路上去。最简单的方法是找一个自己最依赖的人作为自己的监督者。这样就可以更好地发掘自身的潜能，从而达到改变事事依赖他人的习惯。

（五）完美主义及其转化

你从来都不觉得你取得的成绩已经足够好了吗？你认为对于每一件事都要尽到100%甚至更多的努力，否则就会失败吗？你常常因为想要做得更好而拖延作业或工作吗？

如果是这样的话，你很可能是一个完美主义者。事实上，完美主义的态度反而会影响到成功。完美的愿望会削弱你的自我满意度，使得你不如那些有着现实的目标和对自己有现实期待的那些人，取得较多的成就。

那么，对于完美主义，我们可以做些什么？

将追求完美的态度转变为健康的追求的第一步也是最重要的一步，那就是意识到完美主义是不可能达到的，因为它是自我挫败的。完美主义是一个幻想，不是现实。第二步就是要挑战那些构成完美主义的自我挫败的想法和行为。以下是一些可能有用的建议：

（1）立足于自己的需要和愿望并设置连续的目标。当你想达到某种目标时，在你目前所取得成就的基础上往前一步设置下一个目标。

（2）留意自己有关失败的态度。理解这一点，你可以像从成功中学到东西一样，也从自己的失败中收获许多。即使你不那么完美，也不是到了世界末日一样恐惧。

（3）关注事情的过程，而不仅仅是结果。评估自己的成功时也不只看自己达到了什么，还应看你有多么喜欢这个过程，从中获得了多少快乐。

（4）当你感到焦虑或抑郁时，要勇敢地直面隐藏在完美主义背后的恐惧，并放松自己。要认识到你并不能使所有的变化都那么完美。你可以问问自己，我到底害怕的是什么？有什么糟糕的事情要发生了吗？如果在我身上发生了最坏的事，我可以做些什么？

（5）在涉及目标时，避免使用全或无的思维方式，将最重要的事情从相对不那么重要的事情中区分出来。对于不那么重要的事情，你只需要付出较少的努力，同时也要不为此感到内疚。

一旦你愿意尝试上述这些建议，你就已经认识到完美主义在你的生活中并不是有益的或必须的。抛开完美主义不仅可以使你取得更大的成就，还可以让你在与他人交往的过程中对自己的感觉更好一些，也更利于你融入周围的环境。

21世纪什么最重要？人才！人才是什么？简言之，人才就是最全面发展的人，最具开拓精神的人，最善于与他人合作的人，具有最健全人格的人。完美的人格能使人生走向成功，使生命发出耀眼的光芒。但完善人格的形成是一个漫长而艰巨的过程，只有积极参与各种活动，确立正确的价值观，培养良好的品质、创造性思维方式以及健康的心理素质和环境适应能力，中职学生的人格才能向着健康、完善的方向步步升华，从而使自己在将来的生存领域中能够主动、积极地调节自我，适应社会急剧的发展变化，更好地为人类文明的进步与发展作出贡献。

【知识链接】

美国心理学家赫威斯特针对青年期到底要怎样发展自我的问题，提出了青年期发展的十项任务：

（1）能在日常生活中，与同辈人建立和谐的人际关系。此种关系应包括同性朋友与异性朋友在内。

（2）在行为上能够扮演适当的性别角色，个人不但乐于接纳自己的性别，而且能恰如其分地表现出属于自己年龄的男性或女性的行为特征。

（3）接纳自己的身体和容貌，不过分炫夸自己的优点，也不过分掩饰自己的缺点，而是能按照自己身体的条件去发挥最大的潜能。

（4）情绪表达渐趋成熟独立，凡事不再依赖父母或其他成人的支持与保护。

（5）有经济独立的信心，即使在金钱上尚不能自给自足，在生活上尚不能自食其力，自己也能有信心和意愿不依靠别人。

（6）能够选择适合于自己能力和兴趣的职业，而且肯努力奋发，为取得该种职业而作准备。

（7）认真考虑选择婚姻对象，并开始准备成家过独立的家庭生活。

（8）在知识、技能、观念等各方面，都能达到作为一个现代公民所需要的标准。

（9）乐于参与社会活动，也能在社会事务上对自己的行为负责任。

（10）在个人的行为导向上，能建立起自己的价值观念与道德标准。

第四章　中职学生学习心理

【学生的苦恼】

小张：自从拿到中等职业技术学校的通知书起，我就开始有了心结。我一边不断地问自己，难道只有上普通高中才是人才吗？一边又怀疑是否在自我安慰。当看到身边的同学高高兴兴地去了重点或普通高中，我的心中充满了向往和苦涩。面对父母恨铁不成钢的失望眼神，听着他们的训斥："你呀，天生不是学习的料！"我时常问自己："我真的这么笨吗？我真的不是学习的料吗？"无可奈何之下，我开始了中职的学习生活。生活一如从前，只是学习上仍然有许多困难。虽然认真地听课，但有些课还是听不懂。上学期还有三门功课挂了红灯。看着我的成绩单，妈妈直骂我没出息。现在我做什么都觉得没劲。想到社会竞争激烈，如此下去，将无法立足于社会，我的心中充满了彷徨。我该怎么办？

小刘：我不愿与班上的同学交往，我觉得自己与他们志趣不同。我有自己明确的奋斗目标，我希望通过三年的努力能把财会技能学好，并实现当注册会计师的梦想。我觉得身边好多同学是在混日子，学习不认真，甚至还以跟老师作对为乐趣。同时，他们也看不惯我上了职中还认真地学，似乎在这里，不把学习真当回事才是正常，好好学习反而成了不正常。

【老师的苦恼】

有部分中职学生确实存在着厌学情绪。比如有的学生消极应付学习，不求上进；有的身在曹营心在汉，对学习不上心；有的上课讲话、玩手机、听MP3，不但不听老师干涉，反而顶撞老师；有的作业不认真完成，相互抄袭，或根本不做；有的热衷于上网聊天，打网络游戏，一到上课就开始补充睡眠；有的考试多科不及格，文化基础课学不进，专业课又学不懂……

有一位迷恋网络游戏的学生对班主任说，“老师，我确实控制不住自己，一上课心里总想着游戏，想静下心来听课却静不下来。一玩上游戏，我就收不了手，游戏里的情节、倒过来我也能背出，可就是学不进、记不住书上的东西，打开书本见到密密麻麻的文字就头晕，不如玩游戏这么轻松。”

以上中职学生和老师所遇到的问题涉及了与学习有关的方方面面：有自信心、学习态度、学习方法的问题，也有学习动机、时间管理、自我控制能力的问题，等等。在本章中，都会一一讨论之。

第一节 学习心理的基本问题

“学习”一词对每个人来说并不陌生。终身学习、学习型社会、活到老学到老……类似这样的词语我们耳熟能详。我们也经常能听到对学习这样的描述：“寒窗苦读”、“宝剑锋从磨砺出，梅花香自苦寒来”。

那么，学习究竟是一件怎样的事情呢？在本章的第一部分，我们先从理论上来了解与学习有关的基本知识。

一、什么是学习

学习的概念有广义与狭义之分。广义的学习是指人和动物凭借经验而产生的行为或行为潜能的比较持久的变化；狭义的学习主要是指人类的学习，我国著名的心理学家潘菽对人类的学习下了这样的定义：人的学习是在社会实践中，以语言为中介，自觉地、积极主动地掌握社会和个体的经验的过程。这个定义说明，人类的学习需要个人的自觉行动，积极参与，主动获取；吸收的内容可以是知识，可以是技能，也可以是智慧；学习的范围既可以是整个社会，也可以是某个个体。这里我们主要探讨学生在学校教育情境中的学习，在老师指导下的有目的、有计划的对人类间接经验的获得。学生的学习同样也是一种复杂的心理现象，它不仅与学习者的感知觉、注意、记忆、思维、想象等认知过程直接相关，还涉及学生的动机、情绪、态度、意志、个性等非智力因素。因此，我们不能片面地甚至带有偏见地看待学习。

关于学习这一心理现象，很多心理学家都进行过深入的研究，并且不同时期的学者对学习有不同的看法，20 世纪上半叶，心理学家根据有关实验室动物学习的研究，提出了学习是机械的过程，就是某一刺激与某一反应之间联系的增强或削弱，学习者完全受制于环境中的奖励和惩罚。到 20 世纪六七十年代，心理学家在研究学习时，已从研究实验室中的动物学习转向了研究实验室情境中的人类学习，认为学习是知识的获得，就像把信息注入学生的记忆中一样，这与我国教育界所讲的“灌输式教学”、“满堂灌”的教学很接近。20 世纪七八十年代兴起的建构主义学习理论认为学习是在一定的情景即社会文化背景下，借助他人（包括教师、学习伙伴）的帮助，利用必要的学习资料，对信息进行主动选择加工构建知识的活动。在建构主义学习理论指导下的教学模式中，学习是主动构建知识而不是接受知识的过程，教学是支持建构知识而不是灌输知识的过程，是在理解、感悟、批判过程中建构知识。学习不是由教师把知识简单地传递给学生，而是由学生自己建构知识的过程。学生不是简单被动地接收信息，而是主动地建构知识的意义，这种建构是无法由他人来代替的。建构主义学习理论强调学习者在学习过程中发挥自己的积极主动性，建构主义学习观对改善教育起了很大的作用。

二、学习的智力因素和非智力因素

我们知道，学习活动是一个非常复杂的过程。各种智力因素和非智力因素交织在一起共同影响着我们学习的进程。智力因素作为心理过程中的认识过程直接影响着我们的学习活动，而非智力因素虽然不直接参与认识过程，却是学习活动赖以高效进行的动力因素。

一般认为，智力是一种综合的认识能力，它包括注意力、观察力、记忆力、想象力和思维能力五个基本因素，抽象思维能力是智力的核心，创造力是智力的最高表现。国内外学者的多项研究结果表明，智力与学生的学业成绩存在着高度相关。智力不仅影响着学生的学业成就，更重要的是影响着学生掌握知识与技能的速度、深度和灵活性，决定着学生学习的可教育性程度。由于各人的先天素质存在着差异，特别是后天条件的不同，诸如社会、环境、家庭、学校经验以及主观努力程度的不同等因素，使个体的智力出现了差异。

非智力因素，是指除智力因素之外，影响智力活动和智力发展的那些具有动力作用的个性心理因素。它主要包括需要、动机、兴趣、情感、意志、气质和性格等。它们彼此联系、相互作用，是人的个性中最活跃、最积极的因素，它决定着我们进行学习活动的积极程度。学生在学习过程中，其学习动机、情绪、情感及个性特质都会对学习成果有很大影响。

因此，可以说，学生的学习活动是智力因素和非智力因素协同活动的结果。研究表明，学生的学业成就与智力因素具有密切相关，而非智力因素对学生成才也起着重要的作用。在学习活动中，智力因素和非智力因素是相互制约、彼此促进的，智力的发展会促进非智力因素积极特征的发展，非智力因素的积极特征对学习具有调节、控制、维持和补偿的功能，是提高学习质量和促进智力发展的强大动力。

三、学习的动机

动机对于学生的学习而言是一个关键因素。对此，美国前教育部部长贝尔（T.Bell）指出，对于教育，要记住三件事情，第一是动机，第二是动机，第三是动机。可见，动机确实与学习活动有着非常紧密的联系。

学习动机指的是学习活动的推动力，又称“学习的动力”。它并不是某种单一的结构。学生的学习活动是由各种不同的动力因素组成的整个系统所引起的。其心理因素包括：学习的需要，对学习的必要性的认识及信念；学习兴趣、爱好或习惯等。从事学习活动，除要有学习的需要外，还要有满足这种需要的学习目标。学习目标同学习需要一起，成为学习动机的重要构成因素。

我们可以根据学习者以下几方面的行为表现来推测其内在的学习动机状况：（1）学习者对学习活动的选择。这种选择涉及两方面，一是在学习活动与非学习活动之间进行选择，比如是选择做家庭作业还是选择玩电子游戏或看电视；二是对不同学习活动的选择，比如是选择学习理科课程还是文科课程。（2）学习者对学习活动的投入程度。如果学生有良好的学习动机，他会积极投入到学习活动中，具体表现在比如做详细的笔记，课上积极提问，课上愿意陈述自己的观点，课下继续就课堂学习内容与人进行详细讨论，将时间更多地用在学习上，主动使用各种学习策略，寻求对材料的理解而不是记忆，主动整合新旧知识等。（3）学习者对在学习活动上的坚持情况。如果在面临困难、厌倦、疲劳等情况下仍能坚持学习，就可以说明学生有良好的学习动机。对学习活动的坚持性可以通过课堂上观察学生的行为表现而获得。（4）学习者所取得的学习成就。

学习动机分为内部动机和外部动机，内部动机是因学习活动本身的意义和价值所引起的动机，动机的满足在活动之内；外部动机是指由学习引起外部后果而引起的动机，动机的满足在活动之外。例如，当学习仅仅是为了考高分，获得父母和老师的称赞，那么学习者的动机为外部动机；相反，如果喜欢某学科本身，并在探究和求知的过程中能感到满足和成就，这样的学习动机便来自于内部。具有内部动机的学生能在学习活动中得到满足，他们积极地参与学习过程，而且在教师评估之前能对自己的学业表现有所了解，他们具有好奇心，喜欢挑战，在解决问题时具有独立性。但如果仅仅是具有外部动机，则一旦达到了目的，学习动机便会下降。另一方面，为了达到目标，学习者往往采取避免失败的做法，倾向于选择没有挑战性的任务。

学习动机的强度或水平对学习者的学习效率有重要的影响。在一般情况下，学习动机微弱或过于强烈都不利于学习，只有当学习动机的强度适中时，才会取得最理想的学习效果。这一规律是叶克斯和多德森于 1908 年发现的，因此被称为“叶克斯——多德森定律”。

第二节　中职学生的学习特点

有学者对广西 1279 名中职学生的学习方法情况进行调查，涉及的专业有计算机、商务管理、商务英语、导游、电子技术、烹饪、汽修、服装、美术、酒店等 10 个专业。经调查发现，有相当部分的中职学生对课外书、参加课外活动很有兴趣；但同时也发现被调查学生中有一半左右没有掌握正确的学习方法。

这表明中职学生虽然对学习感兴趣，具有一定的学习的能力，但学习方法还有待改进。

目前社会上有些人或者中职学生本人会片面地认为中职教育阶段并不重视学习，认为中职学生学习基础差，学习习惯不好，学习态度和兴趣上也存在一些问题。事实上，这些理解是片面和消极的，并不能全面展现中职学生的学习全貌，而持有这种观点的中职学生本人也会在某种程度上降低对学习的积极性和积极期待。因此，只有正确、全面地认识中职学生的学习特点才能进行积极的自我调整。

一、中职学生的学习优势

（一）喜欢接触新鲜事物，有较强的好奇心和求知欲

中职学生的年龄一般在 15～20 岁之间，正处于青春期，对外界事物存有好奇和探究的强烈欲望，对感兴趣的事物总是积极思考并具有质疑精神。此外，随着心理发展逐步趋于成熟，中职学生的抽象思维也获得了极大的发展，辩证性日益提高，发散性也有增强。这些特点都是中职学生学习的重要优势所在。

（二）动手能力强、乐于实践、与职业联系紧密

职业教育是一种定向教育，中职学生各方面的发展从一入校开始，就自觉不自觉地打上了职业的烙印。这种以实践为基础的学习性质，与中职学生恰恰处于喜欢动手、乐于实践的年龄阶段相契合，能使中职学生勤动手、善思考等能力优势最大限度地得以展现。

（三）学习能力和学习方法的可塑性强

中职学生无论在心理和专业能力上尚未真正成熟，且有着

心态开放、善于接受新事物等特点，这使得中职学生无论在学习能力和学习方法上都有较强的可塑性。如果老师在教学中能充分调动起学习的积极性，激发中职学生的潜力，同时适当地给他们锻炼的机会，就能将其塑造为社会可用的人才。

二、中职学生的学习需要改进的地方

（一）自信心不够

从某种意义上说，自信不够、缺乏激情、没有动力是中职学生在学习方面存在的最为突出的问题。在我国目前的教育体制下，大众容易认为进入中职的学生基本上是初中阶段不爱学、不好学的学生。因此，进入中职学校以后，一方面，学校在一定程度上持“放任”态度；另一方面，虽然家长都有望子成龙之心，但面对子女的成绩上不去或在初中阶段暂时落后的情况，他们也可能渐渐对孩子的学习丧失信心，对孩子学习上的监督和指导也有所放松。这样，在学习中遭遇了挫折之后的中职学生，由于缺乏有力的监督、管理和足够的支持、鼓励，他们自身也很容易走向消沉，有的甚至给自己贴上“不是读书的料”的标签。

（二）目标不明确

虽然中职阶段的学习具有很强的专业导向，但是学生在缺乏感性认识的情况下，仅靠简单的专业介绍，是不可能建立起专业意识，明白专业特点，清楚自己所学课程与未来可能从事的专业之间的关系的。

此外，当代社会给个人的成功提供了更广阔的途径，这也使得“学习无用论”在一定程度上滋长蔓延，导致有小部分中职学生学习目的性不强，学习动力不大。

再者，有的家长误认为只有子女进入重点大学，才会有光明的前途。家长的错误认识使得职校生的心理压力增大，不少学生在入校时就觉得自己是被淘汰的人，将来在事业上难以有所作为，进而丧失希望，抱着混天度日的心态打发每天的生活。

（三）未养成良好的学习习惯和学习方法

中职的学习不同于初中。首先，中职阶段的学习自主性增强，中职学生可自由支配的时间增多，需要自己计划和安排。这就使得一部分自制能力较差的学生，不能有效地利用时间，只是忙于应付考试，却没有主动地获取与专业相关的其他重要的知识。其次，职业导向的学习需要抽象思维与逻辑思维相结合、需要将理论联系实际，在这方面，大部分同学刚一开始并不能很好地从初中阶段的学习模式中转化过来。

（四）学习兴趣有待提高

中职学生来源于不同的地区，生活环境也各不相同，学生结构复杂，起点也参差不齐，在学习、思想、行为习惯、修养等方面都存在较大差异。同时很多人都是受父母之命，或是在没有其他选择的情况下才来职校读书的，学习而非本人意愿。因此，在思想上，他们都认为自己是一个没有前途，没有希望的失败者，对学习兴趣不高。

第三节 中职学生如何提高学习成效

一、增强学习自信心

当前社会对于中职教育确实存有一定的偏见，对于这种现象，我们应正确看待。中职学校有自己的优势，与大学教育相比，中职教育在校时间短、费用成本低、就业快；而且希望进一步深造的中职学生毕业后一样可通过考试进入大学继续深造。

从市场需求来看，相对大学生而言，中职学生在就业市场上也占有重要的一席之地。读中职并不代表较低的教育水平和就业层次，相反可能在就业期望上更合理，操作技能上更扎实。

有这样一个耐人寻味的故事：一场突然而来的沙漠风暴使一位旅行者迷失了方向，他带的粮食和水都被风卷走了。他翻遍了所有口袋，找到了一个苹果，他紧握着苹果，一个人在沙漠中找出路。每当口渴、饥饿时他就看看手上的苹果，继续寻找出路。他一次次跌倒，又一次次爬起来向前走，心中一直想着我还有一个苹果。最后，皇天不负有心人，旅行者终于走出了沙漠，而那个苹果却一口也没咬过。在这个故事中我们看到，事实上苹果只是旅行者内心的力量的象征，支撑他渡过最为艰难的时刻的正是他自己的自信和对未来的憧憬。

二、对学习的成败做出合理的自我归因

遭遇失败和挫折后，一般人都会自动地寻求和分析原因，这就是归因的过程。那么，人又是如何对自己的成功或失败进行归因的呢？不同的归因对人又会产生怎样的影响呢？著名心理学家韦纳对此作了专门研究，并提出了归因理论。他认为：能力、努力、任务难度和运气是人们在解释成功和失败时比较容易想到的四种主要原因。

具体来讲，能力是一种稳定的、内在的、不可控的原因；努力是不稳定的、内在的和可控的原因；而任务难度和运气则是不稳定的、外在的、不可控的原因。韦纳认为，如果将成功归因于内部或稳定因素，会产生自豪感，从而使动机提高；而

归因于外部因素，则会产生侥幸心理。如果将失败归因于内部或稳定因素，则会产生羞愧感和自责感；而归因于外部因素，则会生气或愤怒，感觉受到了不公正的待遇。在原因是否是可以控制的这个方面，如果将成功归因于可控因素，则会积极地去争取成功；而归因于不可控因素，则不会产生多大的动力。将失败归因于可控因素，则会继续努力；而归因于不可控因素，则会导致人们产生悲观绝望的感觉。

上述韦伯的归因理论告诉我们，不同的归因方式不仅会给我们带来不同的感受，更会影响到我们下一步的行动。这里并没有绝对地说哪种归因在任何情境下就一定都是有利的，但若一个人总是将失败和挫折完全归因于自身内部、稳定、不可控制的因素，那么久而久之，一种弥散的、无助的心态就会出现。事实上，造成学业暂时失败的原因是相当复杂的，既可能是智力、能力的问题，也可能是客观外部因素，如老师讲解得不够清楚、试题难度高、同学关系紧张等。因此，面对失败，我们要进行切合实际的归因，并通过归因找到自己有待提高的方面，调整自身状态后重新确立新的目标与计划。

三、提高自我效能感，避免习得性无助

自我效能感由美国著名心理学家班杜拉率先提出，它是指人对自己是否能够成功地进行某一行为的主观判断，也就是说人们是否确信自己能够成功地完成某一预期行为，并取得令人满意的结果。虽然我们并没有时时都清晰地意识到，但我们确实会在接受一个任务或者遇到了困难时反复问自己“我能否胜任这项工作？”、“以我的能力能应付眼前的困难吗？”对于这个问题的回答即体现了一个人自我效能感的高低。当确信自己有能力进行某一活动时我们说这个人的自我效能感较高。值得注意的一点是，自我效能感是一种主观感受，因此并不一定与

自己客观上所拥有的能力完全匹配。但有一点可以肯定的是，如果你自己都认定做不好这件事，那么这件事会做得很圆满的可能性不会很大。

如果一个人自我效能感过低，就会产生“习得性无助感”，它是指个体屡次经历了挫折和失败后，再度面临类似问题时所产生的一种无能为力的心理状态和行为表现。“习得性无助感”产生后，首先会严重影响人的情绪，使人变得抑郁、沮丧、无奈、绝望。其次，会严重削弱人的行为动机，使个体变得不思进取，放弃学习、放弃工作、放弃拼搏、放弃成功。再次，会使人的认知水平和能力下降，产生退缩行为。

因此，在学习中，我们要善于给自己以积极的心理暗示，要相信自己的能力，要多回想自己成功的经历，要能够看到与自己水平差不多的同学所取得的成功，这样就能渐渐提高我们自身的自我效能感。而当你真正具备了这种积极健康的心态时，你会发现成功真的没有我们想象中的那么遥远，而是可以循序渐进地获得的。罗斯福就曾经说过一句话，“我们唯一该怕的是‘恐慌心理’”，正是这种对困难和挑战的恐慌心理使得许多人对成功望而却步。

四、掌握记忆规律，高效获取知识

我们在学习中常常会遇到这样的情况，有的同学记忆力很好，考试前不用花很多时间复习，而自己总要复习很久？背一篇课文，课文的中间部分总是很难记住？历史事件发生的年代，英语单词总是觉得晦涩难懂，只能死记硬背？是自己脑子笨吗，还是有些学习效率高的同学掌握了一些技巧呢？我们能不能也像其他同学一样高效地学习呢？下面我们来看一下有关记忆的规律。

德国有一位著名的心理学家艾滨浩斯在对人的记忆规律进

行研究后，于1885年提出了记忆的遗忘规律——艾滨浩斯遗忘曲线。这条曲线告诉人们，学习活动中遗忘的进程不是均衡的，最初阶段遗忘的速度最快，后来就逐渐减慢了，直到相当长的时间后学过的知识几乎不会再遗忘，这就是遗忘的“先快后慢”原则。了解这一规律后，我们可以将其用于指导自己的学习：学过的东西要及时复习，在记忆的内容遗忘掉之前要再次复习。这时只需要花费很少的时间就能达到很好的效果；但如果学习过后等很长的时间才复习，那么所学的内容留在脑海中的印象就非常微弱，这时的复习相当于重新将知识再学过一次，所花费的时间自然就会大大增加。

记忆的遗忘规律还揭示了有意义、能理解的内容不容易遗忘，无意义、难理解的内容容易遗忘。因此，在学习时我们尽量不要死记硬背，应理解所要记忆的内容，将其整合到已有的知识经验中。如果所记忆的内容确实没有什么意义，那也可以创造性地赋予其意义。

我们在学习的过程中还常常会发现位置处于中间的学习材料容易遗忘，而开头与结尾的内容则更容易被记住。因此，可以对所要记忆的内容进行分段学习，提高记忆的成效。再者，根据学习时间分配我们可以区分出两种复习方法，即集中复习和分散复习。前者指在较长的时间里不间断地反复学习，后者指在分散的学习时间里间隔的学习。苏联心理学家M.H.沙尔达科夫曾选取了两个小组来做实验，这两个小组人数相同，组员的智力水平相当，唯一不同的是研究者让其中一个小组采用集中复习的方法来识记一首诗歌，一天之内反复阅读直到能背诵为止，而另一个小组采用分散复习的方法，在三天的时间里间隔地识记同一诗歌。研究结果表明，分散复习的效果要比集中复习的效果更好。这就提示我们在学习或复习时，可以将不同的学科间交叉学习，这比长时间只复习一门学科的效果要更好一些。

五、克服学习高原期

你有没有遇到下述情况:

很多人都会发现，总会有那么一段时间，不管你作出什么样的努力，成绩总是没有多大的提高，因此甚至对自己产生了怀疑，你知道为什么会出现这种现象吗?

学习者在学习进程中常会遇到这么一个阶段，即学习成绩提高到一定程度时，继续提高的速度减慢，有的人甚至出现停滞不前或倒退的现象，这种现象在心理学中称为“高原现象”。由于学习者不了解它的规律，极易产生急躁、焦虑，结果影响学习成绩的提高。

事实上，“高原现象”也是学习活动中非常正常的现象。研究结果表明，学习者在学习各种新的知识和技能的过程中，一般要经历以下四个阶段:（1）开始阶段：学习者要了解新事物、熟悉新规律，学习比较费力，因此一开始学习成绩提高得较慢。（2）迅速提高阶段：学习者初步掌握了所学知识、技能的重要规律或找到了学习“窍门”后，学习成绩明显提高，并因此受到鼓舞，学习兴趣和信心倍增，因而学习进步很快。（3）学习高原期：这时由于已经掌握了一些知识，剩下的多是知识难点，加上精神、心理等多种因素影响，学习进步速度突然放慢，尽管每天的练习也很用心，但成绩提高不大，有时甚至有所下降，总体上处于一种停滞状态 。（4）突破阶段：当学习者坚持学习不断改进探索方法，克服了学习的瓶颈，掌握新的规律或技巧后，学习成绩又开始逐步上升。可见，高原期是学习过程必须经过的四个阶段之一，也是非常关键的阶段，如果能克服“高原现象”，学习上势必能取得新的突破和极大的进展，否则就可能会止步不前甚至发生倒退。

那么，我们要怎样度过学习的“高原阶段”呢？首先我们可以考虑是否需要改变学习方式。学习初期采用的方法到了高原期后就不一定再适用了，因此，当你感觉到自己的学习成绩很难有所提升时，你要尽早探索适应该阶段的学习方法。另外，学习方法在使用过后会逐渐暴露出缺点，因此我们要常常总结反思，不断改进学习方法。例如，学习数学时，如果解题方法仅仅停留在初级阶段的常量代换、套用公式、套题型的方法上，那么进一步解决需要运用空间想象力的问题时就必然有一个不适应的阶段，造成停滞不前的状况。其次是丰富知识。知识基础相对薄弱的学生较容易遇到"高原现象"，学习越到后期，越到更高的阶段，越是需要我们能熟练提取已有的相关知识，才能解决更为复杂的问题。因此，克服"高原现象"的一个重要方法是积累丰富的基础知识，同时也要提高心理素质。有些学生在困难面前容易失去信心，对自己的能力估计不足而灰心，进而影响学习进步，所以学生应注意培养自己的心理品质，如增强意志力和耐挫能力等，以一个良好的学习心态来面对并克服"高原现象"。

六、学会时间管理，制定有效的学习计划

中职阶段是学生身心发展最迅速、最旺盛、最关键的时期，又称为人生的黄金时代，这样的黄金时代需要有科学、合理的规划，才能真正练就好本领接受社会的检验和挑战。在中职学校学习的三年事实上是非常短暂的，有的学校只有两年在校学习时间，其余一年是在单位实习，因此中职学生要珍惜这段时光，学会有效地管理时间，制订出符合自己实际情况的学习计划。科学地管理时间不仅仅可以提高学习效率，提高成绩，还可以通过合理安排时间，做到学习、娱乐两不误，从而提高中职生活的质量。

我们常常会有这样的习惯，总会把事情拖延到最后的限期才完成，例如老师规定了交作业的时间，我们往往是在交作业

的前一天晚上熬夜做完，甚至是拖到上课的最后一秒钟才会完成。英国历史学家、政治学家诺斯科特·帕金森经过多年调查研究，发现不同的人在类似的事情上所耗费的时间有着巨大的差异：他可以在 10 分钟内看完一份报纸，也可以用半天时间去阅读；一个忙人20 分钟可以寄出一叠明信片，但一个无所事事的老太太为了给远方的外甥女寄张明信片，可以足足花一整天时间……帕金森定律在时间管理上的启示是：为了要避免拖延的现象，最好的方法就是将完成工作的期限提前，提高时间的使用效率。

此外，在制订学习计划时要遵循 SMART 法则。SMART 是五项原则的英文首字母缩写。S 即 Specific，指所设置的目标一定要具体，不能够模糊。M 即 Measurable，指目标的可度量性，制订的目标一定是可以度量的。A 即 Attainable，指目标的可实现性。一个目标必须是可以实现的，或者说经过努力是可以实现的。R 即 Relevant，指目标要与其他目标之间具有相关性和一致性。有的时候我们最后要达到的目标很远大，这时就需要将其分解为几个小的阶段性目标，但是这个目标系统里的任何一个子目标，都要有助于最终目标的达成，而不是与之无关的目标。最后，T 即 Time-based，指目标是有时效性的。即一个目标只有在一定的时间段内才有意义。

第五章　人际关系与性心理健康

小李是某中职学校二年级学生，来自南方某省的山区乡村，父母均是农民，姐弟三人中他排行最小，全家人都很疼爱他。他自认性格内向，不善言语，不会处事，很少与人交往。但他脑子比较聪明，学习踏实用功，从小学到初中毕业期间的近十年成长还算顺利。然而自从上了中职以后，他开始感到许多事情总不顺心，尤其是如何与人交往，怎样处理人际关系的问题使他伤透了脑筋，吃尽了苦头。

一年多下来，他和班上同学很不融洽，与同宿舍人曾经发生过几次不小的冲突，关系越发紧张。后来他干脆搬出宿舍，与外班的同学住在一起。从此，他基本上不和班上同学来往，集体活动也很少参加，与同学的感情淡漠、隔阂加重。他觉得自己没有一个能相互了解、相互信任、谈得来的知心朋友，常常感到特别的孤独和自卑，情绪烦躁，也没有人可以倾诉。最终，长期的苦恼和焦虑使他患上了神经衰弱症。经常性的失眠和头痛使他精神疲惫，体质下降。他曾想尽力克制自己，强打精神，企图用埋头学习的方法来减轻痛苦，冲淡烦恼。然而，事与愿违，由于他学习精力很难集中，效果不佳，成绩也迅速下降，后来竟出现考试不及格的现象。他渐渐失去了学习的信心，开始厌恶同学和班级，一天也不愿再在学校待下去了。于是，他听不进老师的劝告，也不顾家长的来信劝阻，坚持要求休学。

第一节 人际关系概述

人际关系的培养在中职学生教育中是一个不被重视的课题，而往往提到人际关系，人们可能马上与请客送礼的现象等同起来，似乎很庸俗。殊不知，良好的人际关系对于中职学生今后的发展与成才具有至关重要的作用。当今中职学生中许多是独生子女，有些在家里是唯我独尊，到学校过的是群体生活，所以必须学会处理人际关系，愉快地生活在这个大集体中，也为今后的工作奠定良好的基础。

一、对人际关系的认识

提及人际关系，人们几乎不假思索就能够想到，“物以类聚，人以群分”、“出门靠朋友，处世靠人情”、“鸡犬之声相闻，老死不相往来”等等，这些都是反映人际关系的格言或谚语，若留心搜集，可以发现历代积累和流传下来的人际关系文化浩如烟海。因此，可以说自从有了人类，便有了人际关系。

从理论上讲，所谓人际关系就是指人们在物质交往与精神交往中所形成的人与人之间的关系。这种关系具体指个体所形成的对其他个体的一种心理倾向及其相应的行为。人际关系的好坏反应了人们在相互交往中物质和精神的需要能否得到满足的一种心理状态。如果得到满足，彼此之间就喜欢和接近；相反，就会厌恶和疏远。人际关系的疏密还表现在人与人之间的空间距离上。心理学家霍尔提出，人际关系不同，交往时的空间距离也不同。一般分为四种人际关系距离：亲密距离为 0.5 米以内；朋友距离约为 0.5～1.2 米；社会距离约为 1.2～1.7 米；公众距离一般在 3.7 米以上。

二、良好的人际关系对中职学生成才的重要作用

马克思曾经说过:“一个人的发展取决于和他直接或间接进行交流的其他一切人的发展。”人需要交往，交往离不开人际关系。中职学生从未离开学校，没有真正走上社会，所以对社会上人际关系的复杂性还认识不够。如果今后走向社会而对人际关系一无所知，就可能给自己的适应带来困难；如果没有这种心理准备，就会感觉社会与学校的人际关系落差太大，无所适从。

一般来说，那些有良好的社会适应的个体往往不是那些仅仅在学习上非常出色的同学，而是全面发展、人际关系良好的学生。因为他们善于与人交往，善于展示自己的才华，善于获得更多的发展机会。因此，良好的人际关系对中职学生成才就显得尤为重要了。

三、培养良好人际关系的途径

三年的中职生活不仅需要学习课本知识，同时也需要培养良好的人际关系能力。良好的人际关系主要应从以下几个方面来培养：

（一）注重品德修养，塑造良好个性

品德是一个人安身立命的根本，是人生取得成功的重要条件。良好的个性品德也是人际吸引的关键因素。要学会用真诚去对待他人，坦诚相待，推心置腹，才能相互理解，建立信任感，才能使双方的关系牢固，加深友谊。目前全社会都推崇“诚信”，相反，虚伪阴险，口是心非，矫揉造作地对待人际关系，则会使人际关系庸俗化。俄国作家克雷洛夫曾提醒人们:“选择朋友一定要慎重，地道的自私自利会戴上友谊的假面具，却又

设好陷阱来坑你。”只有真心交往，才能形成良好的人际关系。

在注重诚信的同时还应学会宽容。人们需要宽容，既要宽容他人，也要宽容自己，宽容他人无意中对自己的伤害。在交往中由于个人的兴趣、需要、性格、文化修养等方面的差异，必然使人们的交往不能事事如意，如果处处斤斤计较，就会破坏人际交往，损害人际关系，因此，在人际交往中非原则性的问题要持宽容的态度。

（二）丰富知识，增长才华

中职学生要多学习，在学习课本知识的同时也要多学习课外知识。一般说来，人际关系好的都是知识渊博的人，聪明能干的人。古人云：“与君一席话，甚读十年书”，如果是这样，还有谁会不愿意与你交往呢？所以一个有才华的人，才有吸引力，别人对他产生钦佩感，并很乐意接近他，与之成为好朋友。

（三）学会尊重他人，平等相待

每个人都有自己的人格尊严，并希望得到别人的尊重。尊重他人、平等相待是人际交往的基本前提。任何以强欺弱，盛气凌人的做法将严重阻碍正常的人际关系。当然，在尊重他人的同时，也要做到自尊与自重。如果认为自己总是比别人低人一等，在人际交往中欠缺自信，或阿谀奉承、或盲目贬低自己，都会使你失去人际交往时机，不利于良好人际关系的形成。因此，我们必须从每一天的生活中开始学习如何尊重他人，平等相待。

（四）善于表现自己

作为即将步入社会的年轻人，中职学生应表现出热情、开朗、大方的个性，并有良好的口才，善于展示自己的特长与优势。因为一个人即使才华出众，满腹经纶，但他从不表现，无人知晓，良好的人际关系也无从建立。因此在校期间应多利用演讲等形式，不断训练自己，学会展示自己的能力。

（五）多参加各种有益的社团活动

由于中职学校一般没有太大的升学压力，因此中职学生有精力从事一些社团活动，如学生会、团委会、广播站、各种课外兴趣小组等。在这些活动中锻炼交际能力，培养协作精神，是形成良好的人际关系的有效途径。

（六）学习公关礼仪常识，注重自己的仪表

中职学生学习一些公关礼仪的基本知识是非常有必要的。仪表因素对人们之间的相互吸引有着直接的影响，因此一些公司或外企，对员工的仪表有一定的要求，因为你将代表的是整个公司的形象。值得注意的一点是，注重仪表并不是说一个人必须要长得很漂亮或很帅气，也不是说一个人的穿着要很考究，很时髦。而是说，作为中职学生，衣着要整洁得体，举手投足之间无不散发着青春的活力与朝气。

此外，在衣着仪表方面，还应当纠正一些不良的审美观念。比如有的同学一味地追星或追求名牌，只要是明星打广告的款式或某著名品牌的服饰，不管家庭经济条件如何，也不考虑自己的身份和场合，就一味地追求和模仿。因此，学习一些美学和礼仪的常识，懂得什么是真正的美，什么才是最适合自己的服饰，将有助于提高自身的人际吸引力。

（七）学习他人的处世经验

在当今信息社会，协作精神越来越受到重视。许多成功人士把培养良好人际关系的重要性著书立说，在传统媒体和网络媒体上也有很多的专门介绍处世经验的内容。他山之石，可以攻玉。如果我们认真学习，细细体味他人成功的处世经验，也

一定能从中受到启发，学到许多处理人际关系的知识和经验。

（八）提高人际交往艺术

人际交往也要讲究艺术，一个人的谈吐往往能反映出是博学多识还是孤陋寡闻，是受过良好的教养还是浅薄无知。谈吐之美在于用词恰当、言之有物、有种自然的吸引力；用适当的行为、姿势、神态来沟通人际间的感情，做到轻松友好、朴素大方、温文尔雅、分寸得当；用洒脱的仪表和合适的礼节与人交往，散发出使人乐意交往的魅力。所以，学习一些交往的艺术，对形成良好的人际关系帮助很大。

“狼孩”之所以智力低下，并非遗传所致，而在于其长期脱离人类社会，没有与人交往所致。

如果你有一个苹果，我有一个苹果，彼此交换，我们每个人仍然只有一个苹果。但如果你有一种思想，我有一种思想，彼此交换，我们每个人就有了两种思想。

英国作家萧伯纳指出：良好的人际关系不但能交流信息，还能交流思想。

因此，中职学生如果能正确处理人际关系，将对自己的身心健康大有裨益。

第二节 中职学生人际关系维护

中职学生的人际关系主要包括师生关系、同学关系、家庭关系、异性关系等。

社会心理学家认为，复杂微妙的师生关系、同学关系、异性关系、家庭关系，以及青春期生理带来的新奇和躁动，使中职学生的内心充满了困惑与矛盾，如不及时疏导势必会影响到身心的健康，严重的甚至会影响到中职学生健康人格的形成。

一、中职学生常见的人际交往障碍

（一）认知障碍

认知障碍在人际交往中，特别对于青年学生这一交往主体而言，表现突出而常见，这是由中职学生的交往特点所决定的。

中职学生的交往特点之一是理想化。中职学生社会阅历有限，客观环境的限制使其不能够全面接触社会，了解人的整体面貌，心理上也不够成熟，因而经常是先在自己头脑中塑造一个理想的模型，然后据此在现实生活中寻找知己，一旦发现现实与理想不符则很可能会产生一些负面的情绪。

中职学生的交往特点之二是自我中心，即仅从自己的需要出发来衡量交往中的对方。如，认为自己赞成的意见别人也一定会赞成，自己所喜欢的东西也就是对方所喜欢的，当遇到人际冲突时，首先看到的是对方如何没有满足自己的需要，而没有意识到自身在人际冲突中所应该要担负的责任。这样的认知特点如果长期持续并不能得到矫正，则可能会使人际认知失去客观性，从而带来交往上的困难。

（二）情感障碍

人与人之间的交往常由感情而萌发，情感成分是人际交往的重要部分，中职学生由于感情丰富、变化快，有时对人对事过于敏感和不重客观，重一时不重全面，从而使人际交往缺乏稳定性，并由此引发各种困扰。

（1）恐惧引起的交往障碍。有些中职学生有交往的欲望，但无交往的勇气，常常表现为与人交往时（尤其是在大众场合下），会不由自主地感到紧张、害怕以致手足无措、语无伦次，严重的甚至害怕见人。尤其害怕与比自己水平高、能力强及有所成就的人进行交往，怕他人瞧不起自己。有的同学一到人群中就觉得紧张不安，在课堂上、教室里、图书馆，都会觉得别人在注意自己、挑剔自己、轻视或敌视自己，以致无法静下心来听课、看书、做作业。这些恐惧使这部分同学生活暗淡、交往不愉快，造成一系列不良的心理反应。

(2)嫉妒引起的交往障碍。嫉妒是指在意识到自己对某人、某事、某物品的占有意识受到现实的或潜在的威胁时产生的情感。嫉妒的种类很多，有的因容貌、家庭条件等因素而产生嫉妒；有的因智力、能力、交往等因素产生嫉妒。嫉妒表现为对他人的长处、成绩等心怀不满，有的甚至可能会攻击或报复对方。

(3)自卑引起的交往障碍。在交往活动中，自卑表现为缺乏自信、自惭形秽、想象成功的体验少、想象失败的体验多。自卑的浅层感受是别人看不起自己，而深层的体验是自己看不起自己。当出现深层体验时，便觉得自己什么都不行，似乎所有的人都比自己强。因而，在交往中常感到不安，将社交圈子限制在狭小范围内。

(4)自傲引起的交往障碍。自傲与自卑的性质相反，表现为不切实际地高估自己，在他人面前盛气凌人，过于相信自己而忽视他人。自傲的个体在交往中往往会挖苦、轻视或指责对方，从而使交往的另一方感到难堪、紧张、窘迫，因而影响彼此交往。

(5)回避引起的交往障碍。回避的个体常常不太合群，不愿与人为伍，宁愿将自己封闭起来，也不愿意和周围的人达成某种关系。他们生活在自己的世界里，在人际关系方面几乎是空白的。这可能和他们自身的性格有关，也可能和以前在人际关系上的消极经历有关，还有可能是对人际关系的认识出了问题。

（三）能力障碍

人际交往能力的欠缺也是影响人际交往的原因之一。当前，有部分中职学生缺乏交往的经验，尤其是成功的经验。他们想关心他人，但不知从何做起；想赞美他人，可怎么也开不了口或词不达意；交友的愿望强烈，然而总感到没有机会；交往中想表现自己却不能如愿；内心想表示温柔，言语有时却会事与愿违。如此等等，都会给交往的顺利进行造成一定的障碍。

二、中职学生如何改善人际关系

中职学生人际交往障碍既会给他们的学习、生活、情绪、健康等方面带来一系列不良影响，还会给他人造成困扰。我国著名医学心理学家丁瓒教授曾经指出：人类的心理适应，最主要的就是对于人际关系的适应，所以人类的心理病态，主要是由于人际关系的失调而来。

现实生活中也不乏有这样的例子，如有些中职学生学习成绩下降，上课时精力难以集中，这些看似是学习上的问题，但可能并不是由学习本身所带来的，反而可能是由于之前和同学发生过冲突，人际关系紧张、或感觉孤独、无法建立融洽的人际关系所导致的。因此，如何消除交往障碍，减少人际关系的矛盾，提高人际交往的水平和能力，提高对学习和生活的满意度就成为中职学生最关注的问题。

（一）提高对人际交往重要性的认识

交往水平和能力的提高，来源于对交往的正确认识和正确的交往动机。当今社会是一个开放的社会，它和周围的环境无时无刻都保持着各种错综复杂的联系和交流。社会的开放使得人与人之间的联系更加紧密、更加便捷，同时也使人产生了更多的欲望和更高的情趣，只有扩大交往才能适应社会，只有积极地进行交往才有利于人的智力提高和创造力的发挥。另外，交往具有积极的社会功能和心理功能。心理学家认为，交往具有“整合”、“调节”、“保健”功能。“整合”是指以个体为生活与生存单位的人，通过交往纽带而连接成为社会群体。“调节”就是协调人与人之间的行为，使之在社会生活中保持平衡，避免产生相互干扰与矛盾冲突。指“保健”就是指人际交往对个人的身心健康有利。因此，每个中职学生都应当清楚地认识到交往的重要性和必要性，并积极主动地进行交往。

（二）培养交往能力

首先，要培养语言能力。人们在传达思想、交换意见与表达感情、需要时，使用得最多的交往工具就是语言，俗话说：“良言一句三春暖，恶语伤人六月寒”。语言是一把双刃剑，它既能创造更好的人际关系，亦能破坏人际关系。因此，要想顺利进行人际交往，必须十分重视语言能力的培养。一要明确交流目标，时常想想，自己希望达到什么样的交流效果，而自己说话的语气、态度和内容是否有助于彼此的理解和沟通；二要按听者的感情脉搏说话，尽可能地在倾听者当时的心境状态下引出话题，阐明道理，分析事实，让对方在心平气的情境中，理解说话者所表达的意思；三要学会听话。会说话必须先学会听话，不仅要听清对方言语中的内容，还要敏感地觉察到说话人的情绪以及言语中隐含的信息等。具体地讲，要全神贯注地听别人说话，边听边概括对方说话的要点，还要协助对方把话说完，更要善于听出说话者的表达意思；四要敢于说话，克服恐惧情绪。

其次，培养“非言语”能力。“非言语”主要指人的面部表情、姿势、动作等。如在听对方说话时，不要把视线一直死盯着对方；也不要一直把视线移离对方；更不能是听甲说话，却把视线集中在乙身上；当坐着与对方交谈时，坐姿要端正、自然、大方，不要东张西望；不要仰靠在座椅或沙发上；腿不要抖动；更不要当着对方伸懒腰、挖鼻孔、剔牙齿等。

最后，在人际交往中，还要培养换位思考的能力。换位思考能力对一个人能否拥有健康、积极的人际关系至关重要。尤其是在遇到冲突时，能够跳出自己的思维局限，站在对方的角度考虑，看是否有误解之处，或沟通不顺畅的地方。在指出对方的问题时这个能力也很重要，它提醒我们要讲究批评的方式方法，考虑到对方听了我们的话以后可能会有什么感想，尽量使忠言不逆耳，让人能够接受，也乐意接受。

（三）学习交往艺术

交往是一门艺术，这个“艺术”，实际上就是一把钥匙开一把锁。在与不同性格的人进行交往时，有一些需要格外注意的地方如下：

（1）学会同心胸狭窄的人交往。心胸狭窄的人一是容不得人，二是容不得事，对比自己强的人嫉妒，对不如自己的人看不起。同这种人相处，一要“大度”，做到能谅解，能忘怀；二要“忍让”，退一步海阔天空。但这里所说的忍让，不是要放弃原则，一味迁就其错误。

（2）学会同生性多疑的人交往。当对方有了疑心，要冷静分析产生猜疑的原因，并采取相应的措施，消除对方的猜疑；当一时不能消除对方的猜疑时，可暂不理论，仍坦然相处。

（3）学会同性格孤僻的人交往。有些性格内向的人，性情孤僻，不爱多说话，不愿向别人吐露自己的真情实感，有的人往往喜欢抓住谈话中的细枝末节进行联想，胡乱猜疑。同这种人交往，一要采取积极主动的态度，注意选择适当的话题，一般来说，应选择容易切入他们兴奋点的话题，使他们在不知不觉中与你交流；二要善于捕捉对方的情感变化，对引起对方误解或有歧义的地方，能够进行澄清。

（4）学会同任性的人交往。在现实生活中，有些人想说什么就说什么，想做什么就做什么，我行我素，不管别人怎么说，他还是照他自己的一套去做。同这种人相处，首先要体谅对方，求大同存小异，谦让一下，不固执己见。其次，要帮助任性者克服这个缺点，在双方心平气和的时候，认真地帮对方指出他的问题所在，建议对方能在一定程度上考虑别人的合理意见。

三、中职学生人际交往常见问题及应对

尽管中职学生面临着各种各样的人际交往问题，但其中有一些问题是共性的，是大多数同学在中职生活中经常遇到的。对于这些问题，我们应该如何应对？

（一）喜欢独来独往而对人际交往并不感兴趣，怎么办

人是社会性动物，一般来说，与他人交往是人的一种天性。区别仅是有些人很热衷于人际交往，而另一些人相对不太热衷而已。如果你喜欢独来独往，并且心里并不为此感到不快乐，同时也并不厌倦周围的人，则说明你仅是性格使然，可以不必在意。但是，如果你总是独来独往，可内心里并不快乐，而是觉得孤独难受，或者对周围的人充满厌恶、敌视的情绪，那就要想办法调整了。

办法一：心理分析法。你之所以会厌恶人际交往很可能同你的成长经历或认知模式有关。你不妨找心理医生咨询或自我分析一下，寻找出根源，并想办法调整一下思维方式。

办法二：伙伴学习法。找几个相对合得来的伙伴，要求自己主动同他们聊天、谈心、搞活动，慢慢地，你会学到成功交往的技巧，也会体会到更多的与人交往的乐趣。

办法三：交际行为训练法。给自己做一个交际计划，规定

好每天要和多少人搭话，每周要拜访多少人、打多少通电话，每学期要认识多少新朋友等等，然后要求自己按计划行事。最初你也许会觉得别扭，但坚持一段时间，你可能就会惊喜地发现自己已经喜欢上了和人交往。

（二）为朋友较少而烦恼，或者很想认识新朋友但不知如何结交时，怎么办

朋友不是从天上掉下来的，而是需要你去主动结交的。结交新朋友的前提条件是要对别人抱有浓厚的兴趣。除此之外，还必须经过一个从初步接触到逐渐了解的过程。当然，这个过程除了需要时间外，还需要一定的技巧。

办法一：没事找事法。寻找机会，请求对方帮助做一件小小的事情，并真诚地说谢谢，可以将两人的关系拉近。

办法二：间接接触法。通过一个熟悉彼此的朋友介绍来认识和接近对方。

办法三：记名字法。在接触中抓住相互介绍和交谈的机会，适时地表示友好，并记住对方的名字，再次见面时大声说出对方的名字。

办法四：自报家门法。主动走到对方面前做一个自我介绍，虽然有时候有些唐突，但也不失为认识新朋友的直接方法。

（三）发现自己初中时容易与人相处，来到中职后反而难与人相处，怎么办

一方面，与中学生相比，中职学生的心理独立性强多了，与同伴的交流动机有所减弱；另一方面，中职学生的感情还比较脆弱，特别是在还没有完全适应中职环境的时候，自我防卫意识较强，容易产生闭锁心理。因此，很多人（特别是新生）

会产生与人相处困难的想法。这种看法是不全面的。

办法一：解除心锁法。要充分了解中职的环境特点和中职学生的心理特点，认识到中职学生是需要友谊并能够建立友谊的，从而放弃自己的防卫意识和闭锁心理，主动向周围的同学敞开心扉。

办法二："喜新厌旧"法。还有一部分同学是由于过分留恋中学时的朋友，把过多的注意力和感情放在从前的朋友上，而忽略了中职新友谊的发展。如果你属于这种情况，就要学会"喜新厌旧"，给中职友谊多放点精力和感情了。

办法三：交际技能训练法。由于思想的发展变化和交往程度的进一步深入，中职时候的人际交往的确比中学复杂了，因此，也要做好思想准备，有目的地学习一些人际交往的知识和技巧，进一步提高自己的人际沟通能力，会对人际交往能力提高有很大的帮助。

（四）在同异性交往时总感到紧张，怎么办

异性相吸是自然现象，一般人都很重视异性对自己的评价，从而在同异性交往时往往会感到紧张，这是一种正常的心理。但是，如果这种心理反应过度，影响了同异性的正常交往，就需要主动调整了。造成异性交往焦虑的主要原因是对异性产生的神秘感太强烈以及缺乏同异性交往的经验，因此，可以通过多参加集体活动增加与异性的交往机会，也可以通过先和自己较熟悉的异性（如兄弟姐妹、亲戚、老乡等）交往，再慢慢习惯同较陌生的异性交往。

（五）对某些同学的生活习惯、性格、观念等无法接受，怎么办

每个人都是不一样的。因此你对有的人不接受、不认同也

是很正常的。但关键是，第一，你的这种看法和态度应该是客观的、理智的，千万不能建立在狭隘和偏见之上；第二，同学之间相处始终要以团结友爱为第一原则，你不能破坏了大家相处的和谐气氛。更何况，不认同并不妨碍和谐相处。

办法一：换位思考法。暂时放弃自己的立场，想办法完全站在对方的立场上，设身处地地感受一下对方的想法，你也许就会发现，对方的特点和表现也是合理的，是可以理解的，你对他是误解或是有一定的偏见。

办法二：一只眼法。抱着求同存异的宽容态度，对无关原则的事情，睁一眼闭一眼，不要计较太多。

办法三：交往契约法。把你的看法坦诚地和对方交流，通过协商调整各自的行为方式，制订一个大家都接受的交往规则，然后大家按规则相处。

现在让我们再来回顾一下本章案例中小李的行为，案例充分说明了人际交往对于中职学生的重要性。相对于以前单纯的学习生活，中职学校更像一个小社会。中职生活本身就是一个人际交往的过程，认识并正确处理人际关系，是成功完成学业的一个重要方面，也是中职学生走向社会的必要准备。

良好的人际交往能够促进中职学生的社会化进程和自我认识的深化，能为中职学生个性的发展与完善创造条件，是保持中职学生身心健康的重要条件。因此，一方面老师应针对中职学生的特点，有针对性地加以培养，激发学生的学习动力和热情，为学生自我表现的机会，发挥学生的个性特长，使学生不断获得成功的体验，逐步提高学生的积极性和自信心，为学生以后的学习和工作奠定良好的基础。另一方面，最重要的还是需要中职学生不断提高自身的实力，增强自信心，加强交往能力和自身素质的培养，让自己在工作中能处理好各种关系，做到游刃有余。

第三节　恋爱与性心理健康

小军是职中三年级的学生，今年 18 岁， 近一年来他上课精神不集中，学习成绩下降，记忆力减低，乏力，失眠，人际关系比较复杂。原来，原来他曾到一个朋友家去玩，看见朋友家正放黄色录像，小军很好奇，也就凑上前去……

可是，自从看完黄色录像后，电视上男女之间亲密的镜头就时常浮现在小军脑子里，很难消除。小军为此很苦恼，也觉得自己变成坏学生了，上课的精力越来越不集中，见到以前玩得好的女生也总是低着头，不敢抬头正视，好像感觉偷窥了对方，很难堪。

小军为什么会出现上述困扰？他该如何认识自己的行为？

一、青春期性心理的发展阶段

疏远异性阶段：这一时期大约在 12～13 岁之间。随着第二性征的出现，少男少女的性意识开始觉醒，他们对两性差别特别敏感，开始产生性不安与性羞涩的心理。这一普遍现象主要有两种表现形式：一种是厌恶同龄的异性，在学校里男女同学互相攻击；另一种是喜欢接近年龄很大的异性，似乎是一种代偿。这种对异性的疏远主要由由心理上向往异性的朦胧感和羞涩感之间的矛盾造成的，是性意识萌发的标志。

接近异性阶段：这一时期大约在 13～18 岁之间，是青少年性意识发展的一个重要阶段，随着性生理的发育成熟，青少年与异性的疏远逐渐缩小，对异性表现出好奇心，羞涩感开始减少，渴望了解异性、接近异性。这个时期他们对性知识产生兴趣，开始主动通过书籍、影视等了解性生理和性心理的知识。此时，他们倾向于在异性面前表现自己。女孩子特别注意打扮；

男孩子倾向于表现自己的体能或运动技巧。

恋爱阶段：这一时期在 18 岁以后，这个阶段的青年男女性生理和性心理发育成熟，他们开始以自己的标准、兴趣、爱好、审美观来选择自己理想的恋爱对象，把爱慕的对象集中在某一个特定的异性身上，对他（她）表示出特别的关心。恋爱期处于青春晚期，是性亲近的自然延续，一般来说，初恋从这时开始发生。

二、青春期性心理发展的特点

一般随着性心理的发展，青少年大多数表现出一系列性心理行为，如对性知识的兴趣，对异性的好感、性欲望、性冲动、性幻想和自慰行为等，概括起来青春期性心理的特点主要表现在以下几方面：

（一）性心理的朦胧性和神秘感

由青少年的性心理起初缺乏深刻的社会内容，基本上还是一种由生理急剧变化带来的本能作用，好像鬼使神差似的对异性产生兴趣、好感与爱慕，但是这种性爱的萌动，似乎披着一层朦胧的轻纱，其中不少男女青年并不了解多少有关性的知识，只是对性有较浓厚的神秘感。这时他（她）们对异性的兴趣、好感和爱慕，主要由于异性的吸引，正是在此基础上，在朦胧纷乱的心理变化中，性意识会逐渐强烈和成熟起来。

（二）性意识的强烈性和表现上的文饰性

青春期心理的显著特点是它的闭锁性和强烈的求解性，这导致了他们性心理外显方式的文饰性。一方面他们十分重视自己在异性心目中的印象与评价，另一方面却又表现得拘谨、羞涩和冷淡；他们内心对某异性很感兴趣，但表面上却又有意无意地表现出好像无动于衷，不屑一顾，或做出回避的样子；他们有时表现出十分讨厌男女亲昵的动作，但有时又很希望自己能体验体验……这些矛盾心理的表现，使他（她）们往往产生种种冲突与苦恼。

（三）性心理的动荡性和压抑性

青春期是人一生中性能量比较旺盛的时期，但由于这时期不少青年的心理不够成熟，还没有形成稳固的性道德观和恋爱观，加上自我控制的能力很弱，因而很容易受到外界因素的影响而产生不安。

现实生活中丰富多彩、五花八门的性信息，不良的影视镜像、黄色书刊，容易使个别青年的性意识受到错误的强化而沉醉于谈情说爱之中，甚至发生性过失，性犯罪。与此相反，另一部分青年由于性的能量得不到合理的疏导、升华而导致过分的压抑，有少数人还可能以扭曲的方式、变态的行为表现出来，如“厕所文学”、同性恋、窥视或恋物等。

（四）男女性心理的差异性

青春期的性心理由于性别的不同也有明显的差异。在对异性感情的流露上，男性表现得较为明显和热烈，女性表现得含蓄和深沉；在内心体验上，男性更多的是新奇、喜悦和神秘，女性则常常是惊慌、羞涩和不知所措；在表达方式上，男性一般较主动，女性往往采取暗示的方式。

三、中职学生常见的与性生理有关的心理困惑

（一）遗精

看过《红楼梦》的人都知道，宝玉从“太虚幻境”醒来，

只觉一股潮湿黏液从下身流出，他羞红了脸，奇怪怎么会有这种“儿女”之事。性梦中常常伴有遗精，这属于正常的生理现象。遗精在某种程度上可以解除体内的紧张，达到生理上的平衡。它不是病态，更不会大伤“元气”。正常情况下，一般每月两三次左右的遗精均属于正常范围，如果每周数次或几乎每夜都发生，那就需要引起一定的重视。为预防频繁遗精，可以宽衣睡觉，不要盖过厚的被子，不要接触黄色书画等。

（二）自慰

无论男女，到青春期后，在性激素的驱动下，都会自然而然地产生性冲动，有的孩子通过自慰的方法进行宣泄，释放性能量，缓解性紧张。自慰是一种相当普遍的性行为，处于青春期的青少年出现自慰的频率较高，对于性发育成熟的男孩通过自慰宣泄性欲的行为是很自然的。对于女孩来说，自慰也是正常的性生理和性心理的反映，只要不过度频繁，就无须自责和内疚，不必将自慰看作是有损健康的不良行为。

但是，对于中职学生来说，如果过度自慰，则会损伤身体，并影响到学习。因此，有自慰习惯的青少年，要提高自我控制和自我约束能力，建立有规律的生活制度，不要看有性描写的作品和影碟，多参加有意义的文体活动，分散剩余精力，以疏导性欲的强度。

（三）性梦

处在青春期的男孩性梦比较多，原因是白天或睡前看过色情书刊，晚上便有性爱的梦境，即“日所所思，夜有所梦”。梦境中的性对象是不确定的，可能是一个素不相识的女孩或曾经见过一面的女孩，也可能是暗恋中的女孩。青春期的女孩也常常会出现性梦，梦境中出现的性对象，多数不是性幻想中的理想情人。如同其他各种梦，性梦可能合乎逻辑，也可能杂乱无序，梦中的性表达方式也是千变万化的。心理学家认为，性梦是一种正常的性生理和性心理行为，性梦的发生与体内性激素水平、性心理有密切关系。作为一种自然发泄，性梦起一种安全阀的作用，以缓和积累起来的性张力。因此，性梦不是一种邪恶现象，不必过于自责。

（四）经期焦虑

有的女生在月经期间会情绪不稳，容易急躁和冲动。这一方面是由于经期中神经内分泌系统的影响，另一方面是有些少女对月经缺乏正确认识，认为月经是件痛苦、倒霉的事，每次月经来潮都如大难临头。这种不良的心理暗示可能会造成少女精神过度紧张，从而引发焦躁不安、恐惧、抑郁等消极情绪。

月经期间，女生可以通过多种方式来调整自己的身心。一是学习经期卫生知识，认识到月经对于青春期性成熟的女生来说是周期性的正常的生理反应，了解自己经期规律和特征，以打消不必要的担心和顾虑；二是在课余时多阅读一些健康的文艺书刊，在不影响学习的情况下多欣赏健康的影视作品，多和好朋友交谈知心话题，参加适当的体育活动等，以保持自己的情绪稳定，心情愉快。

四、中职学生的情感问题

少男少女进入青春期后，性意识开始觉醒，异性之间经常接触，很容易产生爱慕和企图接近的激情。虽然用早恋这个词概括那份朦胧的情感并不准确，但爱恋作为青少年之间普遍存在的一种情感，确实有其神秘性、自发性和不够成熟等特点。

现在的中职学生在异性交往上存在的一种倾向是，他们不会因为谁有异性朋友而大惊小怪，很多中职学生觉得有异性朋友很正常很自豪，没有异性朋友会被人笑话，认为学校和家长不该过多干涉他（她）和异性交往。

但是，由于中职学生所处的特定的年龄阶段，及身心发展上的不平衡，自我和人生价值的确立也尚不稳定，因此，中职学生在面对感情的问题时容易出现一些心理困惑。

（一）友谊与恋爱之间的关系的问题

男女同学之间的正常交往有益于身心的健康成长。男女同学之间的友谊与爱情是一种什么关系？首先，爱情的基础是异性间的友谊，但是异性间的友谊并不一定都能发展到爱情。从友谊到爱情，不仅要有思想、志趣上的一致，还要有脾气、性格、社会条件等多方面特殊的要求。爱情包含更加丰富和亲密的内容，这是友谊无法达到的深度和广度，有时候友情为爱情铺设了道路，但是真正走上爱情的道路，还需要许多特殊的条件。友谊是异性间产生的好感和喜欢，如果愿意共同携手未来的人生，并具有排他性的更为亲密的关系时，友谊可能发展为爱情。

（二）失恋问题

案例 1：蕊蕊在一次同学的生日聚会上，认识了比她大两届的张鹏，几次接触后两人背着老师和家庭偷偷来往。后来张鹏考上大专去了外地，也不再和蕊蕊联系，蕊蕊的心情一天比一天差，学习成绩不断下降，人也消瘦了不少。

中职学生“失恋”在感情和心理上所遭受的打击和挫折是类似的，只是程度不同而已。失恋的心理表现有很多种，比如有的沉醉不醒、不能自拔，有的自暴自弃、不求上进，有的甚至产生报复心理，酿成惨剧。

失恋是漫长人生路上一次曲折，与在生活的其他领域里所遭遇的挫折类似。因此，不要过分地检讨自己，也不要乱猜疑、或认为自己大失面子，认为自己不够“帅”、不够漂亮、不够优秀等。而是要把这次挫折看作是一个了解自己心理成长的机会。要把“失恋”转化为上进的动力，鼓起勇气、振作精神，客观地寻找自己有待改进的地方，然后在现实的基础上作出调整和改善。

（三）性行为失当

从性成熟到合法婚姻的建立，要经过一个相当长的过程，即性欲延缓满足的过程。中职学生要正确对待异性，就需要把对异性的向往升华为纯洁的情感，注重在思想上、学习上互相帮助和促进，不要被表面的性接触或性吸引所迷惑，避免对性的过度关心和无意识的性刺激，更避免性挑逗和看黄色书刊及录像……

爱情是人生的重要组成部分，真正的爱情能给人以鼓励，给人以力量，给人带来精神上的愉悦，生活上的充实，促进人的自我完善，促使人不断追求事业上的成功。中职学生只有不断探索友谊和爱的真谛，不断完善自己的认识，树立起正确的交友观和恋爱观，把个人的发展与社会的需要结合起来，才能培养交往能力，培育真挚友谊，处理好恋爱与学业、集体、道德等的关系，人生才会充实、丰富而有意义。

第六章　情绪管理与挫折应对

国外曾报道过这样一则新闻：杰森是高二的一名学生，成绩非常优异，一心想报考医学院，并以哈佛为目标。一次考试，物理教师大卫给他 80 分，杰森深信这项成绩会影响到他的未来，大卫给分太不公平，于是带了刀子去学校，接着在实验室里与大卫教师发生冲突，他举刀刺中大卫的锁骨部位，后来才被制服。在后来的诉讼中，四位心理学家与医师都称杰森行凶时丧失理智，杰森被判无罪。杰森自称他因成绩不佳准备自杀，去找物理老师是要告诉他自杀的意图，但大卫坚信杰森因成绩太低而愤愤不平，决意要置他于死地。杰森后来转学到私立学校，两年后以极优异的成绩毕业，大卫对杰森从未向他致歉并为那次事件负责而深感不满。

值得我们思考的是，如此聪明的学生怎么会做出这么愚蠢的事情来呢？

第一节　情商与情绪管理

一、什么是情绪

案例 1：小丽是某职校高二年级学生，一直成绩优异，同时性格比较内向，家境一般。但是近来，小丽的情绪却比较反常。“我不知道怎么了，我常常在课堂上不自觉的落泪，甚至想不读了，死了算了，但是我一想到爱我的父母，我就，上课不能集中注意力，我感到很难受……我拿什么回报我的父母？我害怕老师同学对我无微不至的关怀？如果我考差了怎么办？为什么我那么笨 ……”

案例 2：几名正值花季的在校中职学生为了发泄情绪竟将广场的多盏景观灯砸坏。这几名中职学生酒后在广场疯狂发泄自己的情绪，有的用棍棒砸景观灯、有的用脚踹景观灯，一会儿时间，多盏景观灯便被砸毁。正当几个学生还要继续这种疯狂行为时，被公安分局巡护队人员发现，这种行为才得到制止。

在我们每个人身上，都存在着一种神奇的东西，它可以使人精神焕发、干劲倍增，也可以使人无精打采，萎靡不振；它可以使人头脑清楚，冷静处理各种问题，也可以使人暴躁焦虑，在冲动中做出后悔莫及的蠢事，这就是情绪。以上案例中的小丽和砸灯的同学都是因为不能很好地调节和控制自己的情绪，从而影响到自己的学习和生活，甚至对社会造成一定的危害。接下来让我们一起来揭开情绪的神秘面纱。

（一）情绪的定义

情绪是指人对客观事物的态度体验及相应的行为反应。当客观事物或情境符合主体的需要和愿望时，就能引起积极的、肯定的情绪。如渴望知识的人得到一本好书会感到满意，生活中遇到知己会感到欣慰。当客观事物或情境不符合主体的需要或愿望时，就会产生消极、否定的情绪，如失去亲人会引起悲痛，无端遭到攻击会产生愤怒。

同时，情绪是由独特的主观体验、外部表现和生理唤醒等三种成分组成的。

主观体验是个体对不同情绪状态的自我感受。每种情绪都有不同的主观体验，它们代表了人们不同的感受，构成了情绪的心理内容。人的主观感受与外部反应存在着固定的关系，即某种主观体验是和相应的表情模式联系在一起的。如愉快的体验必然伴随着欢快的面容或手舞足蹈的外显行为。

情绪的外部表现通常称之为表情。它是在情绪状态发生时身体各部分的动作量化形式，包括面部表情、姿态表情和语调表情。面部表情是所有面部肌肉变化所组成的模式，如高兴时眉头平展、面颊上提、嘴角上翘；姿态表情是指面部表情以外的身体其他部分的表情动作，包括手势、身体姿势等，如人在愤怒时摩拳擦掌等；语调也是表达情绪的一种重要形式，语调表情是通过言语的声调、节奏和速度等方面的变化来表达的，如高兴时语调高昂、语速快，痛苦时语调低沉、语速慢。

生理唤醒是指情绪产生的生理反应，它涉及广泛的神经结构。生理唤醒是一种生理的激活水平。不同情绪的生理反应模式是不一样的，如满意、愉快时心跳节律正常；恐惧或暴怒时心跳加快、血压升高、呼吸频率增加甚至出现间歇或停顿。

（二）情绪的分类

随着客观世界的复杂化、多元性，人的感受也深化繁衍。情绪的分类法也随着时代不同而有所区别，中国古代名著《礼记》中提出“七情”说，即喜、怒、哀、惧、爱、恶、欲。近代的研究认为快乐、愤怒、悲哀、恐惧是情绪的基本形式，其他情绪是由这四类基本情绪交叉迭合衍生出来的。

情绪状态是指在某种事件或情境的影响下，在一定时间内产生的某种情绪，其中较典型的情绪状态有心境、激情和应激三种。

心境是指人比较平静而持久的情绪状态。心境具有弥漫性，它不是关于某一事物的特定体验，而是以同样的体验态度对待一切事物。心境持续时间有很大差别，心境的持续时间依赖于引起心境的客观刺激的性质，如失去亲人往往使人产生较长时间的郁闷心境。一个人取得了重大的成就（如中职被录取），在一段时期内会使人产生积极、愉快的心境。

激情是一种强烈的、爆发性的、为时短促的情绪状态。这种情绪状态通常是由对个人有重大意义的事件引起的。重大成功之后的狂笑、惨遭失败后的绝望等都是激情状态。在激情状态下人往往出现“意识狭窄”的现象，即认识活动的范围缩小，理智分析能力受到抑制，自我控制能力减弱，进而使人的行为失去控制，甚至做出一些鲁莽的行为或动作。

应激是指人对某种意外的环境刺激所做出的适应性反应。例如，正常行驶的汽车意外地遇到故障时，司机紧急刹车等，在这些情况下人们所产生的一种特殊紧张的情绪体验，就是应激状态。

（三）中职学生的情绪特点

处于中职这个年龄段的青少年，在情绪方面主要具有以下特征：

1. 情绪的丰富性

青少年随着生活、学习的范围逐步扩大，尤其是现代进入一个全新的网络时代，随着自我意识的觉醒，不仅发展了多样性的自我情感，而且对于现在的小孩子，父母有一种感觉，并不像我们那个时代，比较保守拘谨，不善于表达自己的情感，而此时的他们，则可能会表现多种多样的情感。

2. 情绪的强烈性

中职学生的情绪是强烈的。中职学生一般在16～18岁，这个阶段的孩子们喜欢山盟海誓，喜欢豪言壮语，而流行音乐之所以被此时的孩子所喜欢，正是由于流行音乐诗一样的语言，符合了他们此时情感真实而生动的状态，他们常常会为一点小事而振奋，高兴得手舞足蹈，为一句话而感动，遇到一些泄气的事情，就消沉得无精打采。这个时期的孩子有可能走向两个极端，把本来就很强烈的情感表现得更加强烈。

3．情绪的不稳定

中职学生的情绪是强烈的，同时也是很不稳定的，容易从一个极端走向另一个极端。他们的情绪不稳定性一方面与身体发育有关，性的成熟给青少年或多或少都会带来一些扰乱。另一方面还受到个人阅历的限制。此时的他们好胜心强，在学习上很容易落入竞争之中，这样势必不能达到“不以物喜，不以己悲”的状态。

4．情绪的心境化

心境是持续的情绪状态，有的心理学家形象地称“心境是被拉长了情绪”。中职学生的情绪在时间的持续上要比儿童长，而且开始不停地围绕着一件事情去思考。他们可能会因为某件振奋的事情，长时间处于快乐的状态之中，也可能因为某件事情，而表现出长期的抑郁不欢。而在愉快的心境中，即使他们遇到一些难办的事情，但心境仍然不会差。

二、情绪与情商

情商（EQ）又称情绪智力，是近年来心理学家们提出的与智力和智商相对应的概念。它主要是指人在情绪、情感、意志、耐受挫折等方面的品质。以往认为，一个人能否在一生中取得成就，智力水平是最重要的，即智商越高，取得成就的可能性就越大。但现在心理学家们普遍认为，情商水平的高低对一个人能否取得成功也有着重大的影响作用，有时其作用甚至要超过智力水平。那么，到底什么是情商呢？

心理学家认为，情商包括以下几个方面的内容：一是认识自身的情绪。因为只有认识自己，才能主宰自己的生活。二是能妥善管理自己的情绪，即能调控自己。三是自我激励，它能够使人走出生命中的低潮，重新出发。四是认知他人的情绪。这是与他人正常交往，实现顺利沟通的基础。五是人际关系的管理，即领导和管理能力。

“情商”高的人，常常能清醒地了解自己并把握自己的情感，能敏锐地感受他人情绪并有效地反馈他人情绪。“情商”高的人社交能力强，外向而愉快，不易陷入恐惧或伤感，无论是独处还是与许多人在一起都能怡然自得。这样的人往往能在生活的各个层面占尽天时、地利、人和等方方面面的优势。

三、情绪管理——做情绪的主人

情绪虽说是人的心理活动，但它与个人的学习、工作和生活等方面都息息相关。积极、向上、快乐的情绪有益于个人的身心健康，有益于个人的智力发展，有利于发挥个人的正常水平，俗话说“吃饭欢乐，胜似吃药”说的就是良好的情绪能促进食欲，有利于消化，所以有的生理学家把情绪称为“生命的指挥棒”、“健康的寒暑表”，许多医学家也认为，良好的情绪本身就是治病的良医；相反，消极、不良的情绪会影响个人的身心健康，抑制个人智力的发展和正常水平的发挥，心不爽，则气不顺，气不顺，则病发生，就是这样的道理。

中职学生的情绪内容丰富，情感体验也较深刻，反应强度大，容易冲动和走极端，但是情绪的自我调节能力和控制能力却相对较弱。所以，当产生诸如嫉妒、愤怒等消极情绪，甚至产生敌意或攻击倾向时，往往因不懂管理自己的情绪而给自己和他人带来伤害。因此，对于中职学生而言，管理好自己的情绪，有效地调节情绪，做情绪的主人，不仅仅是维护身心健康的需要，而且也是自我发展和人格成熟的必要条件。接下来我们将学习如何做自己情绪的主人，使自己心情愉快，调节好自己的情绪，提高适应环境的能力，保持乐观向上的精神状态。

情绪管理是一门学问，也是一种艺术。要成为情绪的主人，必先觉察自我的情绪，并能觉察他人的情绪，进而能管理自我情绪，尤其要常保鲜活的心情面对人生。情绪的管理不是要祛除或压制情绪，而是在觉察情绪后，调整情绪的表达方式。

（一）情绪管理的第一步：觉察自己或他人的情绪

个人的情绪很容易受到外界刺激或个人身心变化的影响而改变，小至他人的一个表情，大到社会文化环境，都会影响情绪的起伏。情绪非常微妙，在一瞬间，你的无数细微的面部肌肉已经向他人传达了多种情绪。

情绪赋予了我们了解自己与他人的敏锐的洞察力，如果你抵制、压抑它，或者是另一种极端——把情绪当作攻击他人的棍棒，那么你就会阻塞或丢失情绪所携带的信息。情绪无所不在，情绪与它的表达方式——面部肌肉，以及你举手投足的细微动作紧密联系在一起，这些都是他人可以观察到的内容。因而，你正在产生什么想法，他人正在产生什么想法，都是有可能被解读的，远远超过语言表达的含义。

你是否真正了解自己每时每刻的情绪状况？不妨试着在自己或他人有情绪状态时，注意去察觉自己或他人内心的情绪状态，时时提醒自己注意："我现在的情绪是什么？"例如，当你因为同学说话伤了你自尊而对他态度冷淡时，可以问问自己"我为什么这么做，我现在有什么感觉？"如果你觉察你已对朋友的话多次感到生气时，你就能够表现得更加理智和冷静，从而对自己的情绪做出更好的处理。学着察觉自己和他人的情绪，这是情绪管理的第一步。

（二）情绪管理的第二步：调节情绪并以适当的方式表达自己的情绪

情绪调节是个体管理和改变自己或他人情绪的过程。在这个过程中，通过一定的策略和机制，使情绪在生理活动、主观体验、表情行为等方面发生一定的变化。情绪固然有正面也有负面，但真正的关键不在于情绪本身，而是情绪的表达方式，以适当的方式在适当的情境表达适当的情绪，就是健康的情绪管理之道。

因此，我们需要根据自己情绪变化的特点，合理宣泄不良情绪，主动调控情绪，保持积极的、良好的情绪状态，克服消极情绪是当务之急。所以我们需要掌握一些调节情绪的有效方法，形成自我调适、自我控制的能力，继而能够较理智地调控自己的情绪。我们可以采用下面的办法来缓解自己的情绪：

1. 通过改变对事物的认识来调节情绪

对事物的不同认识可以导致情绪的极大不同。例如，当受到领导批评时不同的人往往会有不同的反应。有些人认为领导的批评是帮助他认识到自身的不足，能让其更加进步；有些人就认为领导是故意为难他，让他难堪。正是因为这些认识上的不同，人们才会产生不同的情绪。如前一类会觉得和领导的关系更为亲密了，而后一类则会对领导产生厌恶甚至对立的情绪。所以情绪的变化有时就取决于人们对事物的看法。

2. 自我暗示法

通过自我暗示，可以控制不良情绪的产生。例如当我们进入考场感到紧张时，可以反复提醒自己："沉住气，别紧张，会考好的。"这样，紧张的情绪就会平复下来；当与同学争吵，想动手打人时，也可反复提醒自己："千万别发怒，要冷静。"这样，就可以遏制情绪冲动，避免不良后果。

有一位澳大利亚小姑娘，在参加世界少年游泳比赛之前，接受了新闻记者的采访。当记者问她有什么感觉，她平静地回答说："我有一个感觉，今天将要出现一项新的世界纪录。"乐观自信的自我暗示，使她这一天连续创造了女子 100 米和 200

米自由泳世界纪录。当时，她才14岁，到16岁时，她仍保持着5项世界纪录。

3．注意力转移法

当情绪激动起来时，为了使激动起来的情绪不至于立即爆发和难以控制，可以有意识的转移话题，做些别的事，比如你喜欢的事、感兴趣的事，如洗个热水澡、逛商店、读书、换一件漂亮的衣服等。等激动的情绪平静下来，就可以投入学习了。

4．合理发泄法

不知你注意到没有，有的小女孩在生气时，会狠狠地把电话一摔，这是一种发泄怒气的方法，称为发泄法。你生气是怎样发泄的？

当我们心情不好时，可以找一个合适的场合，以合适的方法将消极情绪发泄出来，但必须合情合理，漫骂别人，恶语伤人，攻击别人，破坏性的行为都是不可取的，我们称这种方法叫合理发泄法。刚才的一些不良方法，我们要纠正一下。哭、喊、运动、倾诉这些都是可行的，是合理的发泄方式。选择适合自己且能有效缓解情绪的方式，我们就能够控制情绪，而不是让情绪来控制我们。

每个人都有情绪，但在表达情绪时，应力求做到适当，也就是要尽量以对方能够接受的方式来表达。例如，你和同学约定在某个时间见面，她迟到了，你有点生气。之所以生气可能是因为你很担心她。在这种情况下，你可以婉转地告诉她："你过了约定的时间还没到，我很担心你在路上发生意外。"试着把"我很担心"的感觉传达给她，让他了解到他的迟到给你带来的感受。不要一出口就指责对方，这样会引发对方的负面情绪，不会站在你的角度为你着想，而是和你针锋相对。这样一来，两人可能会大吵一架，对双方关系产生不良影响。

现在让我们再来回顾一下本章案例中杰森的行为。心理学家告诉我们：学业上的聪明与情绪的控制关系不大，再聪明的人也可能因情绪失控或一时冲动铸下大错，所以需要学习情绪的控制。杰森的年龄和中职学生的年龄相近，这个年龄的孩子情绪反应强度大，易冲动和走极端，而且情绪的自我调节能力和控制能力相对较弱。当成绩一向优异的杰森因为老师大卫给了低分而产生了强烈的愤怒情绪时，杰森并没有及时察觉到自己的愤怒并采用适当的方式缓解自己的愤怒情绪以及采用适当的方式表达自己的愤怒，反而被这种情绪所控制以致采取了极端的行为，杰森因不懂管理自己的情绪而给自己和他人造成了伤害。

你无法改变天气，却可以改变心情；你无法控制别人，但能够掌握自己。让我们不断提高自己管理情绪的能力，做情绪的主人，根据自己情绪变化的特点，合理宣泄不良情绪，主动调控情绪，保持积极的、良好的情绪状态。

【知识链接】

情绪 ABC 理论

如果有人问你，你对自己的情绪负责吗？你可能说：情绪怎么能随便控制呢？有高兴事就乐，有伤心事就悲。这是人之常情嘛。情绪 ABC 理论的创始者艾利斯却认为：人的情绪不是由某一诱发性事件的本身所引起，而是由经历了这一事件的人对这一事件的解释和评价所引起的。这就成了 ABC 理论的基本观点。在 ABC 理论模式中，A 是指诱发性事件；B 是指个体在遇到诱发事件之后相应而生的信念，即他对这一事件的看法、解释和评价；C 是指特定情景下，个体的情绪及行为的结果。

通常人们会认为，人的情绪及行为反应是直接由诱发性事件 A 引起的，即 A 引起了 C。ABC 理论则指出，诱发性事件 A 只是引起情绪及行为反应的间接原因，而人们对诱发性事件所持的信念、看法、解释 B 才是引起人的情绪及行为反应的更直接的原因。

例如：两个人一起在街上闲逛，迎面碰到他们的领导，但对方没有与他们招呼，径直走过去了。这两个人中的一个对此是这样想的："他可能正在想别的事情，没有注意到我们。即使是看到我们而没理睬，也可能有什么特殊的原因。"而另一个人却可能有不同的想法："是不是上次顶撞了他一句，他就故意不理我了，下一步可能就要故意找我的岔子了。"

两种不同的想法就会导致两种不同的情绪和行为反应。前者可能觉得无所谓，该干什么仍继续干自己的；而后者可能忧心忡忡，以至无法冷静下来干好自己的工作。从这个简单的例子中可以看出，人的情绪及行为反应与人们对事物的想法、看法有直接关系。在这些想法和看法背后，有着人们对一类事物的共同看法，这就是信念。这两个人的信念，前者在合理情绪疗法中称之为合理的信念，而后者则被称之为不合理的信念。合理的信念会引起人们对事物适当、适度的情绪和行为反应；而不合理的信念则相反，往往会导致不适当的情绪和行为反应。当人们坚持某些不合理的信念，长期处于不良的情绪状态之中时，最终将导致情绪障碍的产生。

正是由于常有的一些不合理的信念才使我们产生情绪困扰。常见的一些不合理的信念主要有：

（1）人应该得到生活中所有对自己是重要的人的喜爱和赞许；

（2）有价值的人应在各方面都比别人强；

（3）任何事物都应按自己的意愿发展，否则会很糟糕；

（4）一个人应该担心随时可能发生灾祸；

（5）情绪由外界控制，自己无能为力；

（6）已经定下的事是无法改变的；

（7）一个人碰到的种种问题，总应该都有一个正确、完满的答案，如果一个人无法找到它，便是不能容忍的事；

（8）对不好的人应该给予严厉的惩罚和制裁；

（9）逃避可能、挑战与责任要比正视它们容易得多；

（10）要有一个比自己强的人做后盾才行。

这些不合理的信念，你有过没有呢？对自己的情绪负责了吗？你给自己的理智打几分呢？

第二节　有效的挫折应对

有一天，农夫的一头驴子不小心掉进枯井里，农夫绞尽脑汁想要救出驴子，可是几个小时过去了，驴子还在井里哀号着。最后，农夫决定放弃，他想这头驴子已经老了，不值得大费周折的把它救出来，但是不管如何这口井是一定要填起来的。于是农夫就找邻居帮忙，一起将井里的驴子埋了，以免除驴子的痛苦。大伙人手一把铲子，开始将泥土铲进井里。当这头驴子意识到自己的处境时，刚开始哭得很凄惨。但出人意料的是，一会儿它安静下来了。大家好奇地往井底一看，出现在眼前的情形令他们大吃一惊：当铲进的泥土落到驴子的背部时，它将泥土抖落一旁，然后站到泥土堆上面。就这样，驴子一步一步地上升到井口，然后在众人的惊讶中快步跑开了。

一个人在实现自己目的的过程中，并非都是一帆风顺的，往往会遇到各种各样的阻碍或干扰。在遇到阻碍和干扰的情况下，有的人冷静处之，有的人毫不在意，也有的人烦躁不安、痛苦悲观。后者就是一种典型的挫折心理状态。

一、什么是挫折

挫折是指个体在从事有目的的活动中，由于遇到障碍或干扰，致使个人动机不能实现，需要不能得到满足时的情绪状态。挫折也就是俗话所说的“碰钉子”，如人们准备去参加聚会，由于交通堵塞而不能按时到会，因此产生一种烦躁不安的内心紧张状态和情绪反应。

挫折包含挫折情境、挫折认知和挫折行为三层含义。挫折情境指干扰或阻碍意志行为的情境，如学生由于考试过于紧张没有发挥正常而高考落榜。挫折认知，即个体对挫折情境的认知、态度和评价，这是产生挫折和如何对待挫折的关键。挫折情境能否构成挫折，在很大程度上决定于个体对挫折情境的态度和评价，同一挫折情境由于个体的志向水平不同，感受挫折的程度也是有区别的。如有的学生满足 60 分的成绩，而有的学生对同样的成绩则会感到失败和沮丧。挫折行为指伴随着挫折认知而产生的情绪和行为反应，如愤怒、焦虑和攻击等。当挫折情境、挫折认知和挫折反应同时存在时，便构成心理挫折。但是，有时只有挫折认知和挫折反应这两个因素，也可以构成心理挫折。如有人总是怀疑周围的同学在议论自己，看不起自己而产生紧张、烦恼等情绪反应。

二、挫折反应

个体体验到挫折后，在情绪和行为上的表现往往以综合的形式出现。但常见的反应有以下几类：

（一）攻击

攻击是一个人受到挫折以后产生的强烈的侵犯和对抗的情绪反应，是情绪反应中最常见的一种表现形式。攻击有直接攻击和转向攻击两种。直接攻击是指一个人受到挫折以后，把愤怒的情绪指向对其构成挫折的人或者物，多以动作、表情、言语、文字等形式表现出来。一般对自己的容貌、才能、权力及其他方面较为自信者，容易将愤怒的情绪向外发泄，采取直接攻击的行为。另外，一些年幼无知、缺乏智力、一帆风顺的人，也容易采用愤怒的直接攻击的方式。转向攻击是指将挫折引起的愤怒和不满的情绪转向发泄到自我或与挫折来源不相关的其他人或其他物上。转向攻击通常在以下三种情况中表现出来：第一，当个体觉察到引起挫折的真正对象不能直接攻击时把愤怒的情绪发泄到其他的人或者物上去，即日常生活中的迁怒。例如，一个人在单位受到批评，回到家里骂老婆、打孩子，以发泄自己的情绪。第二，挫折的来源不明，可能是日常生活中许多挫折积累综合作用的结果，也可能是自身疾病引起的。在这种情况下，找不出真正构成挫折的对象，于是就将这种闷闷不乐的情绪发泄到毫不相干的人或者物上。第三，当一个人意志薄弱，缺乏自信或悲观失望时，易把攻击的对象转向自己。如埋怨自己能力不够强、机遇不好、命运不佳、生不逢时等。

（二）焦虑

焦虑是指个体对自己或自己所关心的人在心理、生理、社会等方面受到威胁时激起的一种不愉快的情绪反应，是一种隐隐约约有害的预感。这种消极情绪由紧张不安、急躁、忧虑、抑郁等交织在一起，能使人陷入茫然无措的痛苦状态中。焦虑对个体的学习、生活和环境适应具有积极和消极两方面的作用。适度的焦虑可以激发个体潜力，提高个体随机应变的能力，例如考试前适度的焦虑可提高复习效率，但焦虑过度或持续时间较久则会导致神经状态失调，影响个体的正常生活。

（三）退化

个体行为的发展原本是有一定规律的，即随着年龄的增长逐渐成熟起来。但当一个人遭受挫折时表现出与自己的年龄和身份不相称的幼稚行为，这种成熟倒退现象就是退化。例如，有的中老年妇女钱包被偷以后，坐在地上号啕大哭；有的领导因受到挫折而对下级大发脾气，或为一点小事而暴跳如雷。退化的另一种表现是易受暗示性，即人在受到挫折后，对自己丧失信心而盲目相信别人，或盲目执行某人的指示。例如，个体遭受挫折后轻信谣言，无理取闹，盲目忠实于某个人或某个组织。

（四）固着

固着是指个体在受到挫折后，采取刻板的方式盲目重复某种无效行为，尽管情况已经变化，这种行为并无任何结果，但是刻板式的反应仍在继续进行。从外部特征来看，固着与正常习惯有许多相同点，但是在遭受挫折时，二者的区别就明显地表现出来了。如果习惯的行为遭受挫折或惩罚，那就会改变习惯行为；而与此相反，固着行为不但不会改变，而且还会反常地强烈起来。这是因为，人们在社会生活环境中一而再、再而三遇到同样的挫折，又一时难以克服，就可能慢慢失去信心而形成刻板化的反应方式，一再重复同样而无效的行为。另外，过多过严的惩罚和指责，也可能导致固着行为。

（五）冷漠

冷漠是指当个体遭受挫折后，所表现出来的对于挫折情境漠不关心与无动于衷等情绪反应。这是一种十分复杂的行为表现方式。冷漠行为的发生同个体过去的经验密切相关。如果个体每次遇到挫折后采用攻击方式就能够克服困境，那么他以后就会继续采用攻击的方式；反之若因采用攻击而招致更大的挫折，那么他就会采用相反的方式，即逃避或以冷漠的态度来对待挫折。冷漠并非不包含愤怒的情绪成分，只是个体的愤怒被暂时压抑，以间接的方式表现出来而已。这种现象表面显得冷淡退让，内心深处则往往隐藏着很深的痛苦，是一种受压抑的情绪反应。心理学家吉布莱发现，冷漠反应多在以下情况出现：（1）长期遭受挫折；（2）情况表明已无希望；（3）情境中包含着心理上的恐惧与生理上的痛苦；（4）个体心理上产生了攻击与压抑之间的冲突。

（六）逃避

逃避是个体不敢面对自己预感的挫折情境而逃避到比较安全的环境中去的行为。主要类型有：（1）逃向另一个现实。例如，有的人在生活中碰了钉子或者追求的目标、理想一时不能实现时，便心灰意冷，沉迷于赌博、烟酒之中。（2）逃向幻想世界。这时个体企图以自己想象的虚幻情境来应对挫折，借以脱离现实。幻想能使人暂时脱离现实，使人在受到挫折后减轻焦虑和不安，从而有助于提高面对挫折的容忍力，但幻想本身并不能真正解决问题，长此以往则会降低个体适应现实生活的能力。（3）逃向生理疾病。这是个体为了避免困难而出现的生理障碍。如参加高考的学生考试当天发烧、生病。这种疾病的发生是无意识的，与装病不同。

三、中职学生遭遇挫折的主要来源

中职学生挫折的形成归纳起来有两大原因：一是个体内部原因，包括才智因素、非智力因素、品行因素、身心素质因素等。二是个体外部因素，包括自然环境因素和社会环境因素等。

进入职校，使许多同学开始尝试从对父母和家庭的依赖中摆脱出来的独立生活。新的环境、新的起点、新的需要迫使大家必须靠自己去独立思考和解决问题。对所有同学而言，这都是一个难关。逾越这个难关，绝不是一帆风顺的，必然会遇到许多挫折。中职学生常见的挫折主要来源于以下几个方面：

（一）学习

职校的学习与中学的学习有很大的区别，中学学习是打基础，偏重知识学习。而职校学习很不一样，更看重实际能力的培养。这使许多学生在进入职校后很不适应，中学习惯的那一套学习方法不管用了，暂时又难以找到自己得心应手的方法。着急、烦恼、焦虑，从而产生挫折感。

另外，中职学生来源广，大部分学校在录取学生时并不依据成绩，学生成绩参差不齐，且选择专业不根据自身情况而凭兴趣选择，有一定的随意性，这也容易使学生产生挫折感，进而产生厌学情绪。

（二）人际关系

职校学生大多住校，生活在一个大的集体之中。在这样的环境中，同学们个性不同，来源不一，学习压力大，相互竞争比较激烈，缺乏人际交往的意识和技巧，同学之间可能会有一些小的摩擦与冲突。职校学生远离父母，本身就容易产生孤独感，如果再与同学的关系处理不好，就会产生强烈的挫折感。

另外，职校学生正处于身体成熟期，渴望友谊、渴望爱情，一些同学在进入职校后可能已有了自己心仪的对象。但职校学生在心理上还不够成熟，感情波动比较大，要处理好与异性的关系也是一个大的挑战。职校期间，必须以学业为重，学习和就业压力较大。如果处理不好与异性的关系，就可能成为职校学生强烈挫折感产生的重要原因。

（三）自我生活管理

与中学相比，职校生活相对要自由一些，职校学生会有不少锻炼自己的机会。在职校，有很多学生社团，有很多学生活动。为了增长知识，提高能力，大家都积极地投身于各种活动之中。但人的精力毕竟是有限的，参加社团活动会占用大量时间，这可能会在一定程度上影响同学的学习。每年，我们都能在职校发现这样一些同学，他们工作积极，热心为老师、同学服务，校园活动到处都有他们的身影，但一到期末考试，他们往往会有几门学科不及格。社会工作的出色与学习成绩的落后形成鲜明的对比。这些同学往往很苦恼，很困惑，产生比较强烈的受挫感。

和中学相比，职校在管理上相对要宽松一些，同学们有比较多的时间安排自己的生活。但习惯了被老师、父母约束的孩子，一旦进入一个相对宽松的环境，起初往往会有不知所措的感觉。不会安排自己的课余时间，要么什么事都去做，却一件事也没做好；要么完全不知道该做什么，空虚无聊。这两种情况都会影响同学的情绪，使同学产生挫折感。一些在中学成绩不错的同学，在进入职校后发生了很大变化，成绩一落千丈，情绪低落，这往往与不能适应职校生活有关。

（四）自身定位

进入职校，意味着人生的重大转变，中职学生一定要找准自己的人生定位。成为技能型人才应当是中职学生的目标，但目前，社会上对中职学生还存在一定的偏见，这种偏见也会在一定程度上影响职校学生，一些学生因而感觉灰心，看不到希望。思想常常处于摇摆不定的状态，既不能离开学校另寻出路，在学校又不能安心学习。心有不甘，想上进却又缺少实际行动，内心常常忧虑不安。

（五）就业

某些中职学生因知识和能力的欠缺或对就业不了解而产生恐惧心理，也有的中职学生对就业的目标定得太高而难以实现，在就业过程中屡次失败，从而产生较强的挫折感。

四、积极应对挫折

绝大部分中职学生处于青春发育期，他们活泼好动，思维活跃，对外部世界充满了好奇和希望；他们富于理想，爱好探索。但难免碰到困难和障碍。如果克服了这些困难，便产生成功的愉悦和满足，反之，就产生挫折感。如果不能从挫折中及时走出来，挫折会对人构成严重的威胁和沉重的打击。挫折在人们的生活中是不可避免的，能否经得起挫折不仅取决于个体经受挫折时的心理状态，对挫折的认识、评价和理解，还取决于个体对待挫折的态度以及应付挫折的行为方法。中职学生在遇到挫折时，可以从以下方面来进行调整，以不断增强自己的挫折承受力，更好地应对挫折。

（一）正确对待挫折

挫折具有双重性，既有消极的一面，也有积极的一面。个体经受挫折之后，通过总结经验教训，寻找自身的不足，可以更好地促进个人的发展，同时还能够磨炼性格和意志，增强创造力和智慧，增长知识和才干。当个体受到挫折后，要冷静客观地分析自己的目标、方法、阻力和助力，找出造成挫折的真实原因，对挫折做出符合实际的准确归因。

（二）改善挫折情境

挫折情境是产生挫折和挫折感的主要原因，如果挫折情境得以消除或改善，挫折感自然会随之发生变化。对挫折情境的改善需要注意以下问题：尽可能采取及时有效的防范措施，预防挫折的产生；当挫折发生之后，认真分析原因，不断努力改变那些可以改变的挫折情境；努力减轻挫折引起的不良影响，尽快从挫折中脱身。

（三）调节抱负水平

每个人都在追求一定水平的目标，但目标水平的高低和他所确定的标准是否合适是一个关键。抱负水平过低，个体的身心潜能处于被埋没的状态，会产生由空虚、苦闷、不满足感所造成的挫折感；抱负水平过高，个体力不从心，达不到自己希望的目标，就会产生失败感，打击自己的自信心和自尊心。因此，确定适度的抱负水平是避免挫折，获得自信，使自己得以顺利发展的一个重要条件。

（四）合理运用挫折防卫机制

挫折会使个体受到威胁和伤害，并引起焦虑、自卑、痛苦等情绪，使人的心理平衡遭到破坏。此时，学习运用心理防御方式可以使个体的内在心理具有一种摆脱痛苦、减轻不安、恢复情绪稳定、达到心理平衡的适应性倾向。心理防御方式是指个体遭受挫折而产生紧张的情绪状态时，其心理活动中具有的自觉或不自觉地解脱烦恼、减轻不安，以恢复情绪的平衡与稳定，并适应挫折情境的方式。即个体遭受挫折后用自己所能接受的方式来解释和处理冲突，避免引起更大的痛苦和不安，是一种保持情绪活动平衡和稳定的心理机能。

常见的心理防御方式一般有以下几种：

1. 合理化作用（文饰作用）

当个体无法达到其追求的目标或其行为方式不符合社会的价值标准时，为了避免因挫折而产生的焦虑、痛苦以及维护自己的尊严，便对自己的行为给予一种“合理”的解释。这种解释并不是自己真正的行为动机，有时甚至是歪曲事实，掩饰过错，因此也称为文饰作用。其主要类型有：（1）酸葡萄作用。引自伊索寓言：狐狸吃不到葡萄便说葡萄酸。是指个体在追求某一个目标失败时，通过夸大目标的缺点，否定目标的优点以维护心理平衡的一种防卫手段。（2）甜柠檬作用。引自伊索寓言：狐狸找到了柠檬便说柠檬甜。是指个体借夸大既得利益的好处，否定其缺欠，以减轻内心的失望与痛苦，从而达到心理平衡的一种防卫手段。（3）推诿。即将个人受挫的原因归咎于自身以外的原因以摆脱内疚的适应方式。

2．替代作用

当个体的行为不被社会所接纳，从而不能实现个人目标的时候，个体往往会另立目标取代原受阻的目标，以弥补因失败而丧失的自尊和自信，减轻挫折造成的痛苦。替代作用通常有两种类型：第一，升华作用。个体遭受挫折后，将不被社会所认可的动机和不良情绪转移到有益的活动中去，使其升华到有利于社会的高度。升华是较高的替代，是富有建设性的心理防卫方式。第二，补偿作用。个体行为受到挫折或因某方面的缺陷而无法达到目标时，便特别努力地发展其他方面的特点，以其他方面的成功来补偿因失败而丧失的自尊和自信，即所谓的“失之东隅，收之桑榆”。

3．升华作用

升华作用指把自己被压抑的不符合社会要求的原始冲动或欲望，用符合社会要求的建设性方式表达出来的一种心理防卫术。升华作用能使原来的动机冲突得到宣泄，消除焦虑情绪，保持心理上的安定与平衡，还能满足个人创作与成就的需要。如用跳舞、绘画、文学等形式来替代性本能冲动的发泄；还有如一位具有嫉妒心的人，因理智不允许他表现出嫉妒，于是他发奋学习，最终超过了别人。因此，这种防御机制对于他人和社会均能产生积极的意义。再如前些年有则报道，说的是一位老伯，他的独生子在大学毕业那年死于意外事故。在悲痛欲绝之后，他用自己微薄的经济来源接济一位贫困少年，每月给他生活费和学习费用，直到他大学毕业。老伯说，看到这位贫困少年长大成才，就像看到自己的儿子有出息了一样，非常欣慰！他扶持这位贫困少年的热情，就是对他儿子思念情绪的升华。

最后，值得说明的一点是，各种心理防御方式并不能绝对改变现实，真正解决问题，多少带有自欺欺人的色彩，因此，在运用心理防御方式使自己的心理恢复平衡后还必须进一步地分析原因。

人生是一条漫长的旅途。有平坦的大道，也有崎岖的小路；有灿烂的鲜花，也有密布的荆崎。在这旅途上每个人都会遭受挫折，不要因为困境就低下了头，只要我们拿起梦想的剪刀，用坚强去剪碎它的网，就能冲出心中的迷惘。到那时，你会发现，天空格外的美！当一个人有勇气从黑暗中抬起头来，而向光明大道走去，他后面便不会有阴影了。

第七章　精神疾病与自杀危机干预

得益于《美丽心灵》这部电影，我们大多数人都知道了1994年诺贝尔经济学奖得主、普林斯顿大学著名教授约翰·纳什这个名字和他倾其一生与精神分裂症顽强抗争的感人故事。他提出的“纳什均衡”的博弈理论，曾在经济博弈论领域掀起了轩然大波，具有划时代的意义与贡献。

在影片中，纳什于1947年进入普林斯顿大学学习，与这个优雅的上层社会格格不入，生性不合群的他，只与唯一的室友有着频繁的交往。他正演习数学的推理计算时，室友却非常活泼好动，不停和他说话；当知道自己失去了去著名的惠乐实验室的机会时，纳什非常失落和苦恼，室友又告诉他这是别人从中作梗不是他的错，并鼓励他发泄不满情绪。于是纳什把自己撞得头破血流，还把书桌推出窗外，摔得粉碎；渐渐地，他们成了知心的朋友，有一次在楼顶，纳什谈到自己从小就不爱与人交往，也觉得别人不喜欢跟他交往。他不想在大学期间按部就班地学习，而是想开创自己的理论……纳什与室友相处的这些生动的故事，后来经妻子调查却有了一个惊人的发现，事实上，那个与他朝夕相处了多年的室友仅仅是他的幻觉而已；在真实的生活中，几年来纳什一直就是独居！

后来，纳什被请去五角大楼帮助破译军事密码。有一天，当他走出实验楼时，看到国安局负责人威廉帕契来找他要求与他合作。帕契把他领到了学校中一个废弃的仓库，告诉他这是军方一个秘密的实验室。帕契说苏联成功地制造了便携式原子弹，并向美国渗透了很多特务，计划把炸弹带到美国引爆。之所以找纳什，是因为他是一个天生的解码员，而苏联人联系特务的方法正是利用报章杂志。帕契让他做的就是要记住那些报章杂志的名字，并找出暗藏的密语。

此后，纳什平静的生活彻底被打破。有一次他带艾利西亚参加州长的聚会，在聚会中，当他看到有人在小声议论时，总是觉得别人都是在议论自己，而自己已被苏联间谍跟踪和监视。一天深夜，当纳什再次把破解的密码送到指定邮箱时，苏联杀手开始追杀他，而恰在这时，帕契开车过来协助他逃跑。强烈的恐惧使得他变得特别紧张，无论在家里还是在学校里，总是觉得有人要害他，他甚至要妻子躲到她姐姐家，以免受伤害。

终于，艾利西亚开始意识到可能是纳什有严重的精神问题，于是她给精神病院打了电话。几经周折，纳什被确诊为患有精神分裂症，包括以前的室友和现在的帕契均不是现实中的人物，也从来没有人命令他参与破译密码的间谍活动。

在经过几个疗程的药物和电击治疗后，纳什的精神症状得到了较好的控制和缓解。但出院一段时间后，由于他没有按时服药，精神症状又开始出现。

有天晚上，纳什幻觉有人把他引到他家屋后小树林里，帕契出现了并且把他带到一个小屋里要求他继续工作。纳什很害怕这一切都是假的，但帕契许诺将来会让全世界知道他的贡献。于是纳什答应继续为他工作。很久后的一天，妻子去小木屋收衣服，发现屋后的小门开了，沿路寻找竟然发现了一个铺天盖地都是报纸的小屋，她很快意识到丈夫的症状又出现了，便赶紧回去。当她要打电话给精神科医生时，纳什的幻觉中，查尔斯和帕契一起出现，要求他杀死妻子，并威胁说要是不然就杀了他。而查尔斯的侄女，一个同样常常出现在他的幻觉中的小女孩这时也站出来请求他听他们的话。在这万分危急的关头，纳什突然意识到这么多年来小女孩从来就没有长大、长高过，他终于明白这一切的的确确都是假的。

从此以后，他依然常常看到帕契、查尔斯和小女孩出现在他身边，并请求他和他们讲话。在不断恢复的自知力的支配下，纳什决定不再理会他们，渐渐的他们也不再和他讲话了，只是远远的看着他。由此，纳什终于战胜了自己的精神分裂症，并带着残留的症状过上正常人的生活。

第一节　常见精神疾病

上述故事的主人公纳什所患的精神分裂症是精神疾病中非常典型的一类。所谓“精神疾病”，指的是在各种生物学、心理学以及社会环境因素的影响下，以大脑功能失调而导致个体在认知、情感、意志和行为等精神活动方面出现不同程度的障碍为临床表现的疾病。

尽管每个个体在生命的某些时期都会出现各种各样的心理困扰和问题，但总体上讲，大部分个体的心理都是正常的。只有少数人患有较严重的精神疾病，并影响到他们社会功能的正常发挥，称之为心理异常。常用的精神疾病诊断标准有我国的CCMD-3诊断系统（Chinese Classification and Diagnostic Criteria of Mental Disorders）和美国的DSM-Ⅳ多轴诊断系统（Diagnostic and Statistical Manual of Mental Disorders）。其中，CCMD-3主要是从症状表现、严重程度、病程长短以及排除其他躯体疾病这四个方面来进行评估；DSM-Ⅳ通过综合以下五个轴的情况做出诊断：轴I代表临床症状，轴II代表人格特征和精神状态，轴III代表一般健康状况，轴IV代表心理社会以及精神环境的问题；轴V代表整体性的功能评估。

对青少年而言，常见的精神疾病有精神分裂症、抑郁症、躁狂症、恐惧症、强迫症等。本节将对每种疾病的典型症状表现做一具体阐述。

一、精神分裂症

精神分裂症是一组病因未明的常见精神疾病，多起病于青壮年，常有感知、思维、情感、行为等方面的障碍和精神活动的不协调，通常意识清晰，智能尚好，有的病人在疾病过程中可出现认知功能的损害。精神分裂症的患者一般都存在严重的自知力障碍，拒绝承认自己有病。该疾病典型的症状一般可分为阳性和阴性两大类。阳性症状包括妄想、幻觉、言语紊乱等；阴性症状主要是情感平淡、言语贫乏和意志减退。

在思维障碍方面，患者常常出现妄想，包括有关系妄想、被害妄想等。比如本章开头的案例中，纳什在州长聚会中看到有人小声议论时，总觉得别人都在议论自己，而自己已被苏联间谍跟踪和监视。而在他的被害妄想支配下，他甚至要妻子躲到她姐姐家以免受伤害。还有的患者出现思维散漫和破裂现象，或发明创造出很多只有他们自己才能理解的新词汇，称为“语词新作”现象。比如有的患者自创了“声空包”一词，并解释说这是一种航空母舰，可以在水上天上浮动。

在感知障碍方面，患者一般会出现幻觉。纳什的案例中最常见的是幻视和幻听。前者如他看到的室友、帕契和小女孩；后者如在影片最后，当查尔斯和帕契一起出现时，纳什听到他们要求自己杀死妻子，否则就杀了他。还有的患者能闻到别人都闻不到的、现实中也不存在的特殊气味等，这是典型的“幻嗅”。

在情感障碍方面，患者的情感体验和表现一般都很平淡，有的甚至有倒错现象出现，即该笑的时候，他们可能大哭；而该悲伤的时候，他们却表现得很快乐。

下面是本书作者在某精神卫生中心与一个患精神分裂症的16岁青少年的谈话记录，从中我们可以清楚地看到上述一些典型症状的具体表现。

问：知道自己为什么住院吗？

答：我说话声音高，话多，还骂人，就被送进来了。

问：这种情况在住院前多长时间出现的？

答：好一段时间了，记不清。

问：感觉自己心情怎么样？

答：挺好的。

问：最近发现生活中出现什么问题了吗？

答：出现了一些奇怪的事情。我走在路上老是有人在议论我，走过去的人也都一直回头看我、说我。我骑车吧，骑着、骑着也老有人故意挡我。

问：知道是什么人做的吗？想想他们为什么要专门针对你呢？

答：我觉得他们是在给我做心理测验。

问：还发现有什么问题吗？

答：我骑车的时候感觉就跟以前真实状况不一样。而且还有一次我看见公交车站，很奇怪，公交车的车牌号全部都是一样的，888。以前不是一样的，我记得特别清楚。回家后看电视，放的内容都不对劲，不能看。

问：为什么放的内容不对啊？

答：平时那时间播什么我都挺清楚，但那天不对，全放的关于我的事情。

问：听说你还把遥控器给掰坏了？

答：我现在的一举一动都是被电脑程序控制的。还有扬沙子，我说你再扬，它又扬，反正我说什么就做什么。

问：是谁在控制电脑？

答：不知道。

问：这些说明了什么？

答：我实在搞不懂。我在家待着好好的，不知道为什么还来这。

问：在这住了一段时间，感觉怎么样？

答。可以。我怀疑我爸妈都是假的，是别人冒充的要来害我，我想找亲生父母。学校里同学也要害我，这里安全。

目前，治疗精神分裂症一般是住院进行药物治疗，恢复期里可以在家坚持服药，并进行一定的社会适应性训练。

二、抑郁症

小林本来是一位成绩非常优秀的学生，但中考时发挥失常，没有考上理想中的重点高中，只进了当地一所普通高中。经过一段时间的调整，尽管心里很难受，但是小林还是发誓要好好学习，争取高考时一鸣惊人。但是第一学期末的考试又给了她当头一棒，她居然在一所普通高中里都没有排在前十名。除了学习以外，小林的人际关系也很不理想。由于不满意新学校和新班级，小林刚来时常常沉默寡言，同学们也都不喜欢这个高傲的女孩。为了每天都有充足的精力来学习，她从来不参加宿舍里熄灯后的卧谈会，并常常打断谈兴正浓的室友。对于宿舍的作息，她要求非常严格，而室友都要照她的履行。长期下来，宿舍关系弄得很紧张，后来室友也似乎专门针对她，总是在她入睡后弄出很大的声响，将她吵醒。如此一来，她的情绪一落千丈，变得郁郁寡欢。

慢慢的，小林上课时也无法集中注意力，思维也比以前慢了很多，感觉脑袋里就像装满了糨糊一样，粘粘地转不动。小林觉得自己这样下去肯定完了，也开始抱怨为什么生活处处都不如意，变得有些悲观厌世。此后，她更加不爱说话、不愿活动，常常说胸闷、头疼，最后竟无法坚持正常上学，连日常生活都需要有人督促。她常常说这样活着真没有意思，倒不如死了更轻松。最后，父母不得不带她去医院精神科检查，结果被诊断为抑郁症。

据世界卫生组织（WHO）所提供的信息，在全世界范围内有 3.4 亿抑郁症患者。该病的终身患病率为 3%～5%，美国人口中每年 5%～6%的人患病，约 1200 万人；大约还有 17.1%的人一生曾有过一次抑郁体验。WHO 还在《2002 年世界卫生组织报告》中指出，目前抑郁症已经成为世界上的第四大疾患，到 2020 年抑郁症可能成为仅次于心脏病的第二大疾病。

日常生活中，很多人都体验过抑郁的情绪，随着问题的解决和困扰的消除，情绪自然也会缓解和回升，这种情况是非常普遍的，并非我们所说的疾病状态。那么，抑郁症究竟是一种什么样的精神疾病，又有哪一些典型的表现呢？

抑郁症是一种情感性精神障碍，以显著而持久的情感低落为主要特征。临床上其具体表现有：

（1）自觉心情压抑、沮丧、忧伤、苦闷等；

（2）对日常活动兴趣减退，以前感兴趣的活动现在怎么也提不起劲；

（3）对前途悲观失望，有万念俱灰的感觉；

（4）遇事往坏处想，且犹豫不决；

（5）变得懒散，精神不振，没有活力，甚至连日常生活、简单的学习或个人卫生都懒于应付；

（6）感觉头脑迟钝、反应缓慢；

（7）自我评价下降，觉得自己一无是处；

（8）不愿主动与别人交往；

（9）有想死的念头，但内心充满矛盾，烦躁，易激怒；

（10）有身体上的不舒适感，如疲乏、头痛、耳鸣、心悸、胸闷、腹胀、便秘、失眠、多梦、食欲减退、注意力分散、记忆力下降等。

通过上述对抑郁症典型症状的描述，我们很容易理解说为什么抑郁症会在很大程度上影响到我们生活的质量和个体的主观幸福感，使患者终日生活于无边无尽的痛苦之中，也因此，抑郁症成为导致自杀的高风险因素之一。据世界卫生组织提供的信息，有 10%～15%的抑郁症病人最终会自杀，而有过自杀念头的病人更是占到了三分之一。国内也有研究报道说抑郁症患者有一半以上有自杀想法，其中有 20%最终以自杀结束生命。我国每年 28.7 万人自杀，在自杀死亡者中，80%患有抑郁症。而国内有关青少年重度抑郁症研究资料的分析也表明，患抑郁症的儿童青少年中，存在物质滥用的约为 20%～30%，破坏性行为的发生率约为非抑郁症儿童青少年的 6 倍左右。

因此，我们都应该对抑郁症有正确的认识和足够的重视，除了自身平时的积极调节外，一旦达到疾病的程度，需要主动求助或就医。目前，抑郁症的药物治疗和心理治疗都是非常成熟的，预后也较好。

三、强迫症

强迫症是以反复出现强迫思维或强迫行为为基本特征的一类神经症性障碍，其特点是有意识的强迫和反强迫并存，二者强烈冲突使病人感到焦虑和痛苦；病人体验到观念或冲动来源于自我，但违反自己意愿，虽极力抵抗，却无法控制；病人也意识到强迫症状的异常性，但无法摆脱。

强迫思维是一些看起来毫无意义的，有妨碍的观念、想法、意向，即使个人努力要忽视和以往，它们也仍然存在。当个体体验到这些思维时是不愉快的、不想要的，并且常常会激起焦虑、内疚、羞愧或其他令人不舒服的情绪。强迫行为是指重复出现的刻板的单调的动作或行为，患者明知不合理，但不得不做，无力摆脱。常见的强迫思维包括：觉得物体或其他人在接触细菌、疾病、垃圾或化学物品时被“玷污”了，这种被污染的感觉常常会伴随清洗干净的强烈欲望；有的患者害怕门窗没有锁好，害怕掉了重要的文件等，他们会反复检查以至于影响到正常的生活与工作；有的患者总是毫无根据地担心意外事故或不好的事情要发生，他们认为除非自己像信教一样虔诚地重复某种特定的行为或想法，才能避免这场灾难；还有的患者会体验到做坏事的欲望和冲动。比如用菜刀刺伤小孩，有的人还会体验到亵渎宗教人物的苦恼意向。

强迫行为往往是屈从于强迫思维为减轻焦虑而采取的顺应行为。这些刻板行为也被称为“仪式”，通常通过某些规则或非常严格而清晰的方式来执行。比如有强迫症患者在吃饭前需要进行一套清洗仪式，每个动作的顺序都不能颠倒。这种仪式化动作可以暂时减轻患者不舒服的感觉，因此常常会固定下来成为一种习惯。但影响他们的生活以及在学校、工作场合以及在家的功能时，这些强迫行为已经变得无法停止和控制了。常见的强迫行为有强迫洗涤、强迫核对、强迫检查、强迫性仪式动作等。

小格今年 17 岁，1 年前因遇到一个身材魁梧的体育老师，无意中直视老师的下阴部，这个行为令她自己大吃一惊。她很担心被人发现，别人一定会认为自己是一个道德败坏的女孩。于是小格赶快移开目光，但从此这个心魔就缠住她了。无论遇到任何男性，她的眼睛都会直勾勾地望着对方的敏感部位，似乎那部位有股强不可挡的磁力吸引着自己的眼光、身不由己，就算强迫自己侧过头移开视线，但是她都会失望地发现自己的眼睛会倾斜过去用余光注视。

渐渐地，小格遇到女性也出现类似的情况，专注别人的敏感部位。她自觉下流羞愧难当，可那种冲动却无法自制。发展到后来，小格开始回避社交，严重时甚至不敢出门上街，也不敢去学校，内心非常痛苦。

这是一例典型强迫症病例，患者有一种注视别人敏感部位的强迫意向，但又自觉羞愧下流，故拼命去抵制，在强迫与反强迫的纠缠下形成了强迫症。

强迫症患者病前的人格多有一定的偏移，主要特征是过分追求完美，容易将冲突理智化；过分注重细枝末节，不能从宏观上操纵全局；过分内省自制，循规蹈矩、墨守成规、不知变通；遇事优柔寡断、无所适从，难以做出决定；思虑过多，喜钻牛角尖等。强迫性格的形成与其成长环境和幼年的教育方式有很大关系。一般在家教甚严的环境下容易养成按部就班、认真细致、追求完美的习惯。

四、恐惧症

恐惧症是以个体对某一特殊物体、活动或情境产生持续的和不合理的强烈恐惧为特征的神经症性障碍，常伴有植物神经功能紊乱。

恐惧症常常是违背个体意志的恐怖情绪，患者明知自己的恐惧过分、不正常并且无必要，但无法自制、无法摆脱。导致恐惧的对象很多，诸如：怕脏、怕细菌感染、怕尖锐物件、怕空旷广场或拥挤的场所、怕高地和深渊、怕脸红、怕对视、怕得某种疾病、怕死亡等。

青少年恐惧主要表现为社交恐惧。社交恐惧障碍的特征是明显而持久地害怕社交性情景或可能诱发使人感到尴尬的社交行为和活动，一旦面临这种情景立即产生焦虑反应，而自身也能够认识到这种反应是过分的、不合理的。具体来讲，社交恐惧具有如下临床表现：

（1）在特定社交情境中，不可控制地出现焦虑反应，如：怕自己出现表情尴尬、怕被人认为表现出焦虑、紧张、笨拙、脸红或举止不自然，与人交谈时怕被人注意到言语不流畅、发抖等，因而常出现对相应场合的回避。

（2）产生相应的躯体症状：心慌、震颤、恶心、胃肠不适、腹泻、肌肉紧张、脸红、口吃、尿急，严重时可达到惊恐发作的程度。

（3）患者的社会功能受损：对社交情景的害怕、恐惧会使个人异常痛苦，因而许多人会选择改变他们的生活来适应自己的症状，对恐惧的对象会有明显回避，从而对其正常的职业、社交、娱乐等社会功能产生显著地影响。

小刘是一名高三的学生，生性腼腆、害羞，社交圈子比较窄。因为高考前生了一场大病，导致他在考场上发挥失利，没有被理想的大学录取。小刘本是所在的县中学的佼佼者，一直都是老师的宠儿和骄傲。他很淳朴也乐于助人，同学问他问题时，他总是毫无保留地耐心解答，因此虽然他不爱说话，也不太主动与人交往，但同学们对他仍然是非常尊敬。

刚转到市里的重点高中复读时，他就被一个男同学当众取笑；老师让自我介绍时，他面对台下 60 多双陌生的眼睛，突然感受到从未有过的紧张。见他很久都讲不出话，一些调皮的同学不怀好意地吹起了口哨。小刘的自尊心受到极大的伤害。从此他开始变得害怕见人，一和同学说话就脸红、出汗、发抖，讲话也是结巴或大脑一片空白，不知从何说起。课堂上，他害怕与老师对视，尤其害怕被老师提问要求发言。课余时他习惯独处，集体外出活动时也总是以各种托词推搪。到最后，小刘发展到觉得自己从农村来，身上总带着一种臭味，只要有人注视他，小刘就不能正常言语，别人偶然的目光也会使他陷入窘迫；他也害怕有其他人在场时吃饭喝水，觉得自己会发出让人不舒服的声响。既然大家都不喜欢自己这个从农村来的“异族”，也不欢迎自己融入这个新班级，从此以后，小刘就回避了一切聚会，拒绝与新同学交往。虽然自己内心也非常难受，但是小刘始终无法克服自己的恐惧。

性格胆怯、腼腆、敏感、对自身的过分关注等特点，是小刘患上社交恐惧的土壤。偶然的刺激（被同学当众取笑和自我介绍时说不出话来）使得小刘将恐惧的情绪与社交场景联系在一起，于是回避就成为他避免恐惧的最佳选择，同时也成为束缚他适应新环境的牢狱。作为摆脱焦虑的自我保护手段，只要离开与人打交道的场合，小刘就会觉得自己安然无事了。因此，社交恐惧症的患者往往都会采取主动性的回避策略，不去接触人，甚至把自己封闭起来，但是这种封闭在个别案例中可导致精神的全面退缩，甚至贻害终生。在回避的时候，许多患者还会发生“过敏性牵连”，这是一种自我防卫心理机制。对害怕的场面或人，会发生“草木皆兵”的心理泛化，对外部事物产生异常过敏的反应。如在上述事例中所提到的异臭感、别人在看他，甚至他人的一举一动，都暗示着对患者的讨厌、排斥、无奈等，从而加强其回避的理由：由于我不好，所以人家厌恶我，与其让人厌恶，不如主动离开人群，何必自找没趣呢？从而以这种投射心理使自己取得病态中的平衡。过敏性牵连，严格说来已把人的正常心理引上斜路，因为它脱离了现实，患者常常以病态的心去度他人之意。

不过，需要明确的是，一般人或多或少会对某些社交场合有些焦虑、不适的感觉，只有在社交情境中害怕、恐惧、回避并明显地影响了个人的生活、职业和社会功能，持续 6 月以上才考虑为疾病状态。

第二节 自杀的危机预防

【例一】

这个女孩是一所高校的大四学生，21 岁，从小父母离异，她与母亲相依为命。想自杀的原因是因为班主任把本应属于她的保研名额给了别的同学。回家后，女孩买了安眠药，又买了水果刀，随时准备自杀。她说，如果不能上研，毕业后就根本找不到工作，她以后就完了。同时，她认为以前老师对她很好，课上老表扬她，现在老师对她也不理不睬。她感觉无法在班里待下去了，心情越来越不好，这几天不想去学校上学。

母亲怕万一孩子想不开寻了短见，抱着女儿哭着说，“孩子，你为了妈妈，你要好好学习，好好活下去啊！”令人吃惊的是，这个女孩冷冷地说：“妈妈，你让我死吧！我活着只能给你增加负担，我死后，你再找个有钱的人结婚吧！我恨你，你为什么跟爸爸离婚？你保护不了我，我恨死你了……”

【例二】

这是从一位自杀的人身上找到的一首诗歌：

我列出一张单子
左边写着活下去的理由
右边写着离开世界的理由
我在右边写了很多很多
却发现左边基本上没有什么可写的
真正快乐的时刻，屈指可数
记不清楚上一次发自心底的微笑是什么时候
记不清楚上一次从内心深处感觉到归宿感是什么时候……

在现代社会，由于生存压力、日常困扰以及突发事件越来越多，个体的抗挫能力和应对技巧也相应受到了极大的挑战。当这些负性事件不断累积的强度超过个体承受的极限时，有部分人就会选择以自杀作为远离痛苦的最后抉择。就像上例中的大四女孩，在家庭变故和学业受挫的情况下，感觉生活再也无法继续下去，而自己除了一死，别无选择。

事实上，自杀并不是一个离我们很遥远的话题，自杀很可能在某一天会和我们产生直接或间接的联系。根据官方报告，我国每年的自杀人数是 28 万人，这已经是一个非常庞大的比例。而由于各种原因没有被统计的估计要比统计数据还多出5%～25%；而采取过非致命性自杀行为的人数就更多了，是报告自杀人数的40～100倍。

无论从什么意义上讲，自杀都是一个极端的事件，也必然会给当事人及其家庭、亲戚朋友甚至是陌生人带来强烈的冲击。想想看，如果一个学校里有学生自杀，那么受此波及的人群不但有家长、亲戚，还包括学校老师、同班同学和该学生的朋友；有一些即使是不认识这个同学，也没有目睹现场的学生也可能因此产生强烈的恐惧和对生命意义的疑问。

因此，了解有关自杀的基本知识，学会辨别自杀的各种线索，是我们每一个同学都应该尽到的责任。

一、自杀的分类

（一）根据自杀的发展过程分

根据自杀行为的发展过程，可以将自杀划分为情绪型自杀和理智型自杀两大类。前者又叫冲动型自杀，指的是由明显的偶然事件所引起，在失控的激愤、赌气、绝望等激情状态作用下所产生的突然性的自杀行为。这种类型自杀的特点是进程快、发展期短、突发性强，难以预测和防范。自杀者有时会产生极度后悔的心理，并采取力所能及的自救和求救措施。但是这类自杀者如果没能成功实施，则过后比较容易走出自杀的阴影。

理智型自杀是个体经过长期评价、判断和体验而逐渐萌发自杀意念，并有目的、有计划地准备、实施的自杀行为。这种类型自杀的进程较慢、发展期较长，在自杀发展过程中有比较复杂的心理表现，一般来讲自杀者会在生和死之间有着激烈的心理斗争，这同时也为危机干预提供了充分的机会与时间。

（二）根据自杀的动机分

在大部分时候，自杀可被视为由动机支配的有目的的行为。

以下是比较常见的几种内在动力。

心理满足型：自杀者为某种坚定的理想、信念的实现或团体的利益而献身，追求一种心理上的极大满足。

心理解脱型：这种自杀往往是在遭受挫折和打击时，个体感到极度的自卑、悲观、恐惧、孤独，感到个人无助、无用、无望，唯有一死才能解决问题。

抗争型：为了对抗某些强大而不可抗拒的势力，以死作最后的抗争，达到不甘屈辱、保持人格尊严，警示和唤醒世人的目的。

报复型：这种人往往把自杀作为一种报复手段，试图以死迫使对方承受法律的责任或者遭受道义与良心上的谴责。

要挟型：这种自杀者并非真要结束自己生命，而只将其作为一种要挟对方、迫使对方就范的手段。

模仿型：这类人看到自己崇拜的偶像发生不幸时，精神支柱也在一瞬间崩塌，自感生存已经没有意义。于是模仿偶像的死亡方式，结束自己生命。

二、自杀者的五类共同特征

尽管引发自杀的诱因各不相同，但还是表现出以下一些共同的特征与规律：

（1）境遇特征：自杀者都感到无法忍受内心的痛苦。重要的心理需求遇到极大的挫折。

（2）目的特征：自杀是试图寻求解决问题的办法之一，或者是自杀者想要中断某种意识。

（3）情感特征：自杀者都无一体验到绝望和无助，但是他们对自杀的内在态度又通常都是矛盾的。

（4）认知特征：自杀者对自杀的态度常常是片面的，认知具有一定的狭隘性。在极端情绪的影响下，认知还可能会出现歪曲。

（5）人际关系特征：自杀者在真正实施自杀前一般都会流露出一些征兆，试图与人交流，并寻找其他的出路。

三、警惕关于自杀的误解

科学地研究自杀行为的尝试与努力在近些年来有了重大的进展，许多研究者都得出了一些有用的结论。以下关于自杀的十大误解就是其中之一，它们对于澄清人们普遍持有的关于自杀的错误认识起到了积极的作用，有助于全社会形成对自杀的科学、合理的认识。

误解 1：说要自杀的人很少会真的自杀。

当一个人真正采取自杀行为前，常常会与信任的人讨论自杀或表露自己的自杀意念，这是自杀危机预防非常重要的线索之一。

误解 2：自杀前没有任何自杀征兆。

通过对自杀未遂者和自杀成功者的回溯研究发现，自杀者在自杀前常常会有言语、想法、行为等各方面的线索与征兆。本节下一部分将具体讨论之。

误解 3：自杀失败过一次，就不会再企图自杀。

如果诱发自杀的原因和困境没有解除，那么自杀未遂者很容易再次自杀。而且由于已经有经验，自杀致死的风险会比第一次大大增加。

误解 4：自杀的人执意要死，无挽回的余地。

自杀的人内心常常有生和死两种矛盾的力量在进行抗争，只是死的理由一时占据了上风，但绝对不是没有任何挽回的余地。事实上也有很多企图自杀的人被成功干预。

误解 5：自杀的人是有精神疾病的人。

虽然精神疾病是自杀的危险因素，尤其是有相当比例的抑郁症患者会选择自杀；但是在自杀人群中，还有很大一部分是没有任何精神疾病的人。

误解 6：与有抑郁情绪的人提及自杀会导致他产生自杀的想法。

与有抑郁情绪的人提及自杀不但不会导致他产生自杀的想法，反而可以使对方感受到被关心、被重视，并体验到轻松的感觉。在我们的文化下，谈论自杀是一个相对禁忌的话题，但是如果真正有自杀想法的个体能在一个尊重的、安全的环境下，和一个自己信任的人去讨论自杀的话，他们会感到很放松；而如果个体本身没有自杀念头，也不会因为别人的提及而实施。再者，目前的媒体对自杀有很多报道，个体并不是因为你的提及才了解到自杀。

误解 7：自杀常发生于低社会经济阶层。

研究发现，自杀可能发生在任何社会阶层、任何经济条件和任何职业的个体身上。没有哪一类人群对自杀具有天然的免疫能力，它可能发生在年轻人或年长者身上，可能发生在富人或穷人身上，可能发生在病人或健康者身上，也可能发生在城市居民或农民身上。

误解 8：多数自杀缘于一个突发的创伤事件。

有部分自杀缘于一个突发的创伤事件，如家人遇难，天灾人祸等；但是有相当部分的自杀是由于日常生活中负性情绪的长期积累和问题的日益复杂化而导致的。当这些压力逐渐累积到个体无法承受的程度上，他就可能采取极端行为作为解脱的简单办法。

误解 9：如果一个人的抑郁情绪突然好转，他就没有自杀危险了。

如果一个人的问题并没有得到解决或缓解，而长期抑郁的情绪却突然好转，这是一种非常值得注意的状况。因为很可能是个体已经决定自杀，希望通过死亡一了百了，这种情况下，他的自杀危险会非常大。

误解 10：非致命性的自杀行为只是为了引起他人的注意。

非致命性的自杀行为有可能是为了引起他人的注意，但也可能是致命性自杀行为的前兆，是个体在尝试获取自杀的经验。有可能导致真正的自杀行为。

四、自杀的征兆与风险评估

在对自杀的相关知识有了科学、理性的认识之后，我们再看看如何敏感地识别某个体是否有自杀的危险。这里我们主要会涉及两大内容，一是哪些生活事件和现象是容易导致自杀的危险因素；二是准备自杀的个体通常会流露出哪些线索或信号。

（一）引发自杀的危险因素

（1）求助者曾有自杀未遂史。

（2）已经形成一个特别的自杀计划。

（3）最近经历了重要亲人或爱人的去世。

（4）遭受虐待、暴力或性虐待。

（5）陷入特别的创伤或损失而难以自拔。

（6）精神病患者。

（7）有药物和酒精滥用史。

（8）有躯体和心理创伤。

（9）独居并与他人失去联系。

（10）有抑郁症，或处以抑郁者的恢复期，或者最近因抑郁症住院。

（11）有特别的行为或情绪特征改变。

（12）严重的绝望或无助感。

值得注意的一点是，如果个体的生活中存在上述风险因素，只是增加了自杀的可能性，但并不是一定会导致自杀。在我们的实际生活中，我们也确实看到，有很多经历了不幸遭遇的个体，仍然表现出顽强的生命毅力和乐观的生活态度，仍然是积极而富有幸福感地活着。

（二）自杀的征兆与线索

自杀的征兆常常会从想法、行为表现、个体主观感受和躯体反应几个方面透露出来，如图 2 所示。

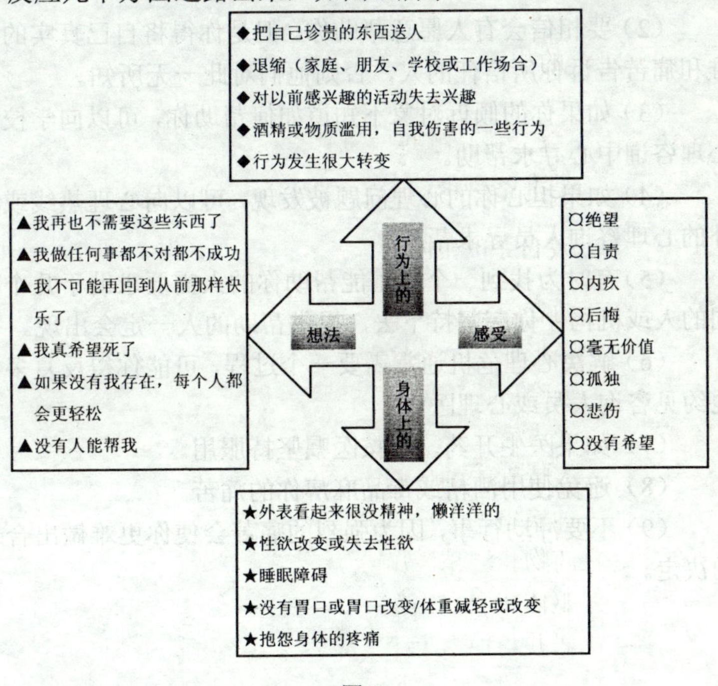

图 2

五、给中职学生的一些建议

在本节中，我们谈到与自杀有关的话题。事实上，大部分的自杀总是在很多生活事件的重压累积、负性情绪得不到缓解时最终引发的。如果我们能够敏感而诚实地对待自己的内心，能够承认每个人都在生命的某个阶段会遇到一些挫折和困扰，能够积极主动地寻求帮助，而不把心理问题视之为洪水猛兽，那么我们的生命都会坚强很多，我们的生活也会幸福很多。

以下是我们对大家的一些建议：

（1）遇到让你很痛苦或影响你的学习或社交功能的心理问题时，不要等待，主动寻求帮助。

（2）要相信会有人愿意帮助你。但是你得将自己真实的困难和痛苦告诉你所信任的人，否则他们对此一无所知。

（3）如果你的倾诉对象不知道如何帮助你，可以向学校的心理咨询中心寻求帮助。

（4）如果担心你的心理问题被发现，可以向心理热线或校外的心理咨询人员寻求帮助。

（5）有时为找到一个真正能帮助你的人需要求助于几个不同的人或机构。你应坚持下去，提供帮助的人一定会出现。

（6）解决心理危机通常需要一个过程，可能你得反复多次地约见咨询人员或心理医生。

（7）如果医生开药，应按医嘱坚持服用。

（8）避免使用酒精或毒品麻痹你的痛苦。

（9）不要冲动行事，因为强烈的痛苦会使你更难做出合理的决定。

附录一　延伸阅读书目

1.《自我的挣扎》，作者:【美】霍妮，中国民间文艺出版社

2.《人格的模式与成长》，作者:【美】奥尔波特，纽约霍尔特、莱因哈特和温斯顿出版社

3.《创造双赢的沟通》，作者:【美】刘墉，刘轩，接力出版社

4.《处事艺术》，作者:【美】 刘墉，中国盲文出版社

5.《方与圆——人生成功要略》，作者：丁远峙，广州出版社

6.《6 秒钟改变你的情商》，作者：乔舒华·弗理德曼等，电子工业出版社

7.《情绪管理的第一堂课》，作者：林大有，中国书籍出版社

8.《挫折》，作者【美】珊贝利，缪静玫译，哈尔滨出版社

附录二 推荐影片

1.《美丽人生》
2.《阿甘正传》
3.《当幸福来敲门》
4.《跳出我天地》
5.《楚门的世界》
6.《美丽心灵》
7.《一路上有你》

后 记

一直认为，从事心理健康教育是一项神圣的职业。它让我们饱满地感受着人生的喜、怒、哀、乐，也让我们看到每个人都如同一本书，慢慢打开后总是各有各的精彩。

每个人的一生都是一个不断经历个人成长的奋斗旅程。我们喜欢林孟平老师定义的成长，她说，成长就是在方向正确的情况下，一个人产生的改变。成长是一个可以具体到现实生活各个方面的话题，包括自知的增加、情绪的调控、生活的充实、对自己和他人的宽容、学会接纳和付出、对人产生信任、感受或与人建立亲密关系、能够从过去的束缚中走出、原谅等。可见，成长是一个动态的过程，是一个连续的生命流，个体一生都需要不断成长，通过适应性的改变以面对不同的生活环境并从中获取生活的快乐和幸福。

然而，我们又深知，真正的成长又何其不易。正因为不易，收获成长的那一刻才有了惊心动魄的美。有一首叫《Growth is a Process》的诗歌，淋漓尽致地展示了这个充满焦灼、挫折、失望和欣喜的过程。诗歌里说，我们起初看不见成长中的障碍，看不清生活的歧路；后来即使看见了我们也会自欺欺人地视而不见，于是我们一再狠狠地跌倒在同样的地方。我们抱怨命运对我们不平乃至愤世怨俗，我们相信人间一世的挫折都让我们给遇上了。再后来，经历的多了，我们开始慢慢学会了正视挫折，只有这样，我们的双眼才能变得明澄，我们也才会在自我反思后突然发现世间一片豁然开朗。最终，不知道经历了多少次的挫败，曲曲折折的成长之路才被我们逐渐走得顺畅而平稳了。

所以，这一次有机会与中职学生朋友们一同探讨个人成长和心理健康的真谛是美丽的机缘，也是我们的幸运。青少年时代实在是人生中最最美好的一段，在这个阶段，如果我们能够充分勇敢而饱满地体验成长，体验创痛和泪水，体验领悟和欢乐，那么我们相信，每位同学都会是人生这个大舞台上最可爱的舞者。

请大家要记得：学会一种认识和分析事情的角度和眼界比解决一个具体的问题更能对人产生影响。这个世界并不是简单的非黑即白或事物总在对立。生活的富有弹性是对自己也是对他人最好的宽容。学会选择性的生活，享受自己当前的状态，但又永远有余地去改进，去做，然后才能更加清楚地认识自己，理解自己。

编　者

2010.1